ENCYCLOPEDIA READING SERIES

权 威 百 科 悦 读 书 系

彩 图 版

中国少年儿童智力开发百科全书

Encyclopedia
of
Intellectual Development

邢越 / 主编

天 地 出 版 社 | TIANDI PRESS

Encyclopedia of Intellectual Development

Foreword 前言

　　每个人都是天才，只要你充分挖掘自己丰富的智力潜能。人的智力潜能就好像坚冰下沉寂的水，我们首要的问题是如何激活它。本书就是刺破坚冰的利剑。

　　本书包括智力训练、智力游戏库、动手小机灵、智力大检阅四部分内容。前三个部分以动脑、动手为两大主题思路，目的是全面启迪与开发儿童的智力潜能，在动脑与动手的过程中，使左右脑得到均衡的发展。最后一部分内容能够全面地检测读者经过本书启迪后智力提升的情况。

　　在编撰本书的过程中，我们采用了少儿智力开发研究、成长教育研究及心理发育研究方面的最新成果，力图使本书达到内容全面、难易适中、结构科学。在图书的设计编排上，我们选用了大量活泼可爱的图片，使翔实的内容变得更加生动有趣，容易为广大少年儿童所接受。

　　亲爱的少儿朋友，你对自己的智力有足够的自信吗？不要对此心存疑惑，要知道，发达的大脑必定要经过科学的训练，如果不想让自己的头脑始终是死水一潭，那就赶快加入我们的超级智力训练营吧！

目录 CONTENTS

1~50

第一章
智力训练

51～100

第二章
智力游戏库

101~142

第三章
动手小机灵

第一单元
科学益智小实验

第二单元
魔术变变变

第三单元
巧手练思维

143~153

第四章
智力大检阅

[第一章]
Part1
智力训练

　　智力是一个抽象的概念，它在你脑中表现为一种潜在的能力，支配智力的因素是你的直觉力、观察力、判断力、记忆力、分析力、想象力、注意力等。那么，你知道这些能力是通过什么来提高的吗？很简单，训练大脑的思维能力。在这一章中，我们设计了大量的训练题，通过对各种题目的思考解答，你能全面地了解自己的思维能力，看看自己在思考问题的过程中存在哪些盲点。同时，答案中还有一定的提示，能帮助你改进思维方式。此外，最重要的一点是，在解题的过程中，你能深刻体会到思考带来的乐趣！

第一单元 NO.1

趣味脑力热身操

就像在参加剧烈运动之前先要做好热身操一样，在开始我们的智力训练之前，也先来一段脑力热身操吧。在全章中，这部分的题是属于比较容易解答的。但如果你以前很少接触过这种类型的题，也可能会被这些题难倒。不过没关系，多练习练习，你的思维一定会变得越来越灵活。

巧挪沙瓶

有3个装有沙子的瓶子和3个空瓶子，排列顺序如图A。如果把它们的排列顺序变成图B所示的状态，且一次只能挪动一个瓶子。

请问，最少要挪动几次？

我都挪晕了，这可怎么办呀？

A

B

画平行线

请你用一把没有洞的三角尺和一支铅笔来画平行线。怎么用三角尺都可以，但是一旦放在了某个位置，就不能再移动了。铅笔一次也只能画一条线。

你知道怎么画吗？

立方体上的角度

如图所示，AB和BC分别是一立方体两个面上的对角线。

根据已知条件，你能快速算出∠ABC是多少度吗？

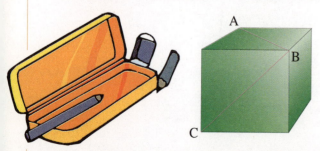

年龄的排序

吉姆有3个孩子A、B、C。A和B的年龄相差3岁，B和C的年龄相差2岁，调查结果表明，A不是长子。

请问，这3个孩子的年龄排序到底有几种可能？

火柴摆字母

如右图，有一个用火柴摆成的大写字母E，再加一根火柴即可使E字母变成小写。

请问，应怎样加呢？

正五边形瓷砖

用正方形或长方形的瓷砖装修舞池的地面是很简单的。现在要求用正五边形的瓷砖来装修一个正五边形的舞池地面，既不许有大缝隙，也不许切割拼接。

你知道怎么拼吗？

✏️ 减面积

不用尺子和圆规，请你想一个最简单的方法将图中的正方形改成一个面积只有它一半大的正方形。

你知道怎么改吗？

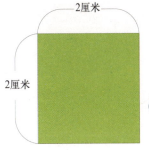

2厘米
2厘米

✏️ 仍留在百货商店的顾客

某百货商店的营业时间是早上10点到下午6点。商店开门以后，平均每小时有100名顾客入内购物，每隔半小时便有20名顾客离开商店。

那么，这家商店在营业了9个小时之后，有多少名顾客仍留在店内？

答案

◆巧挪沙瓶

只需挪动一次。把左起第二个瓶子中的沙子倒入右起第二个空瓶中。

◆画平行线

如下图，把三角尺立着，然后在它的两侧各画一条线，就可以画出以尺的厚度为宽度的一组平行线。

◆立方体上的角度

如下图所示，△ABC是一个等边三角形。因此，∠ABC是60°。

◆年龄的排序

有4种可能：A若是儿子，B—C—A，C—B—A。A若是女儿，则A—B—C，A—C—B。

◆火柴摆字母

如右上图，加一根火柴即变成小写字母e。

◆五角形瓷砖

做一块巨型瓷砖正好镶在正五边形的地面上。

√2厘米
√2厘米

◆减面积

如左图，加上根号后2变成了$\sqrt{2}$，面积就减少了一半。

◆仍留在百货商店的顾客

一个顾客也没有，因为这时百货商店已关门。

做完题后的感觉真不错！

连结正方形

下图中有12个点，任意连结4个点可组成正方形。

请问，最多能组成几个正方形？

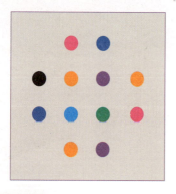

浮冰

一块边长为10厘米的立方体冰块浮在水中，超出水面约为1厘米。现在要让冰块浮出水面2厘米，但不能把盐之类的物质放入水中。

你应该怎么办？

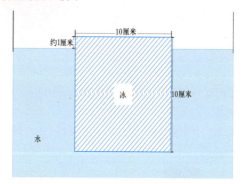

怎么变的

魔术师手拿4个圆球出现在舞台上。他对观众说："请大家看好。"然后，他把圆球放在手掌上，"哈"地大叫一声。但球纹丝不动，仍在原来的位置。然而，观众却大声喝彩。

这到底是怎么回事？

怎么看成功率

有位患者因病需要动手术，于是他开始寻找擅长做这种手术的医生。根据对两个医生以往业绩的调查，他了解到A医生的成功率为70%，B医生的成功率为65%。最后，一心期待手术成功的患者竟毫不犹豫地选择了B医生。从做过这种手术的次数、费用、医疗条件以及医生的技术等各方面来讲，这两个医生几乎是一样的。

可是，这位患者为什么要做出如此选择呢？

"岩"字变小

如右下图，一些石子正好摆成一个"岩"字。只要拿掉其中的两颗，这块"岩"石就会变小。

你说该怎么拿？

填数字

下列3道算式中，方框里应该填入什么数字？

注意：☆可换成"＋"和"－"两种运算符号。

$$1 ★ 2 = 5 ★ 2$$

$$4 ★ 1 = 7 ★ 4$$

$$3 ★ 5 = \boxed{} ★ 1$$

糊涂的彼德

彼德是个好医生，为了照顾病人，他经常彻夜不眠。有一天，他提早下班回家，晚上10点钟即上床休息，并准备明日中午时分起床上班，在把闹钟拨到他认为正确的时间后，便关灯睡觉了。

那么，自睡觉时开始，到闹钟响起时，彼德共睡了多少个小时呢？

我家看电影

一家四口人看电影，妈妈坐在爸爸和弟弟前面，爸爸坐在弟弟之前姐姐之后。

请问，以下4种说法哪种正确？

A. 妈妈不是坐在弟弟和姐姐前面

B. 弟弟坐在爸爸前面

C. 姐姐坐在弟弟前面

D. 弟弟坐在姐姐前面

答案

◆浮冰

将缸中的水减少，直至冰块浮出水面2厘米。

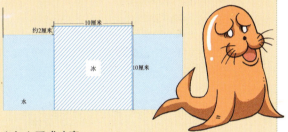

◆连结正方形

11个。别忘了那两个稍微倾斜的大的正方形。

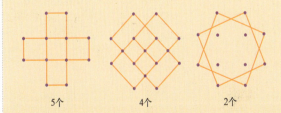

5个　　　4个　　　2个

◆怎么看成功率

假设两个医生过去都做过同种手术20次。A医生第一次到第十四次获得成功，但是后面的6次均失败；而B医生第一次到第七次虽然失败了，但是从第八次起以后的13次均获得了成功。因而B医生手术虽然成功率稍低，但患者还是宁愿选择他。

◆怎么变的

刹那间，魔术师的身影从舞台上消失了，而圆球却仍在原来的位置，即悬在半空中。

◆"岩"字变小

如右图，变成了"小石"。

◆填数字

9。比较☆号前后的数，前面的数大，☆是减（"－"）；后面的数大，☆是加（"＋"）。用"＋""－"运算符号分别替代☆，比较怎样使等式成立才是捷径。

$$1+2=5-2$$

$$4-1=7-4$$

$$3+5=9-1$$

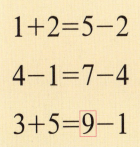

◆糊涂的彼德

彼德医生睡了两个小时，就会被闹钟吵醒。他真是个糊涂的人，因为"明日中午"就是12点，也是凌晨零点。

◆我家看电影

答案为选项C。

奇怪的列车

小土豆上班总是坐同一时间的列车，且总是坐在最后面的窗子边。在通过急转弯处的时候，他能够看见一会儿这趟列车最前面的一节车厢。可是，他坐下一趟列车时，虽然也坐在相同的位子上却看不见这种情景，而车厢的节数和行驶的线路都是相同的。

你知道这是为什么吗？

锯木板

有两个木匠准备将一块长木板从正中间锯成两半。两人分别用锯子从木板两端的正中间位置开始锯，照理是应该不偏不倚地刚好锯到正中间的，结果锯缝却没有正对上。木板并没有弯曲，木匠也没有锯歪。

为什么会是这种结果呢？

爬楼梯

星期天，小明跟爸爸来到市中心30层高的世贸中心。小明要到位于第8层的电影院去看动画片，爸爸同意了，但有一个条件，不能乘电梯，只能走步行梯。

如果从第1层走到第4层需要48秒钟，请问以同样的速度再走到第8层，还需要多少时间？

蚊香计时

小华买了盒可燃1小时的蚊香，她打算用燃烧这种蚊香的方法来计时45分钟。

你说她该怎么办呢？

高个子的故事

经营礼品店的小曼身高达2.3米，他从生下来就从未离开过这个村子。有一天，来村子观光的游客当中，有一位名叫小塔的男子高2.4米，就连小曼见了也大吃一惊："我有生以来还是第一次见到比我高的人。"小塔听了却不以为然地说："不应该吧。"

为什么小塔会这么说？

哥哥的神机妙算

弟弟小君最喜欢和哥哥一起玩闹，不过他的小把戏总会被聪明的哥哥拆穿，例如每次小君装睡，总能被哥哥猜个八九不离十，这让小君很吃惊。

哥哥怎么会有那么大的本事呢？

这个问题有点怪哦。

出生年份

有一次，小丁在翻阅一本古代文献时，看到上面写着有个人在公元前10年出生，在公元10年的生日前一天死去，于是他推算出了这个人死时的年龄。

你知道正确的计算方法吗？

碾不着的鸡蛋

有人在一所空房子里的地板上放了4个鸡蛋，另一个人将一个大石碾子放在房子里，到处滚来滚去，但是放在地板上的鸡蛋却一个也没破。

你知道为什么碾不着鸡蛋吗？

威廉的年龄

在一个村庄的广场上，约翰和威廉正在对话。22岁的约翰问威廉："威廉叔叔，您现在有多大？"

"我的年龄吗？嗯，等于我年龄的一半加上你的年龄哟！"叔叔回答。约翰想了好一会儿才计算出来。

请问，威廉到底有多大？

答案

◆奇怪的列车

因为下一趟列车在通过急转弯处时，刚好上行的线路上有列车通过，小土豆的视线被挡。做这个题目时可以首先在脑海中浮现一幅图，然后试着让图画移动。这是日常生活中最简单的大脑聪明操。

◆锯木板

两个木匠是这样锯的，如右图：

◆爬楼梯

是64秒，不是48秒。不能因为到4楼用了48秒，就认定从4楼到8楼也是48秒。1楼到4楼实际只有3层楼，因此，每层所花时间是16秒。在我们的心理空间中，地面是我们的生活基础、基准，具有零层的意思。因此，我们很容易下意识地把楼层数计算错，即把8楼算成4楼的两倍。

◆蚊香计时

先给一盘蚊香的两端和另一盘蚊香的一端点火，当两端点火的蚊香烧完时，给另一盘未点火的那端点上火。从开始点蚊香到这盘蚊香烧完，共计45分钟。

◆高个子的故事

因为小曼小的时候应该见过比自己高的人。

◆哥哥的神机妙算

哥哥见小君睡觉，总是说他装睡，而哥哥说错时，也就是小君睡着之时，小君当然不会知道啦。

◆出生年份

在这里不能用10−(−10)=20这个算式计算。如果是一般数字的话，则依次为2，1，0，−1，−2，但这里是年代顺序，应变为2，1，−1，−2，因为公元0年是不存在的。同时，年号里也没有称作0年的年，而且生日前一天或后一天之差，在年龄上就是差一岁，所以该人年龄应该是18岁。如果死守常规的话，就答不出这道题来。

◆碾不着的鸡蛋

4个鸡蛋分别放在房间的4个墙角处。

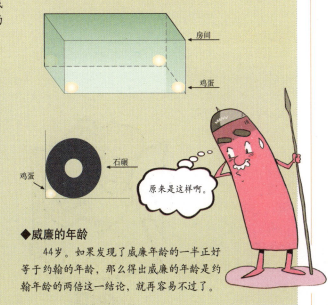

◆威廉的年龄

44岁。如果发现了威廉年龄的一半正好等于约翰的年龄，那么得出威廉的年龄是约翰年龄的两倍这一结论，就再容易不过了。

第二单元 NO.2

□ 激发高度的直觉力

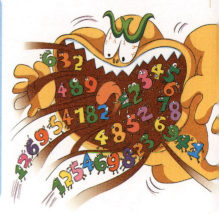

　　这一节的内容主要是测试少年儿童的灵感，即考验大家在面对一个问题时瞬间的直觉反应。这种反应能力是促使大家产生新颖想法的原动力。要激发高度的直觉力，就需要不断地思考和不懈地努力。你冥思苦想，可能会百思而不得其解，但也许就在一瞬间，灵光闪现，问题就轻松解决了。让我们通过本单元的练习使直觉力变得敏锐而准确吧。

最后一点

　　如右下图所示，有17个点，如果将任意两点用一条比点粗的直线连接起来，最后应该可以让每一个点至少都能和另一点连接起来。可是据说有人这样做了，尽管把所有的点都连接起来了，但最后却剩下了一个点。

　　这种事情有可能出现吗？

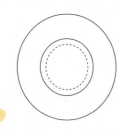

圆形盖子的妙处

　　喜欢观察的小朋友们会注意到，在我们居住和生活的城市里有排放污水的下水道，而下水道口的盖子通常为圆形，它具有比正方形更容易制作、可以滚动等优点。但除此之外，还有下水道盖子非做成圆形不可的更具说服力的理由。

　　你认为那会是什么呢？

计算工作日

　　在一个特殊的工作部门有这样一条奇怪的规定：假设某一天为休息日，这一天的前一天如果不休息的话，第二天就休息；这一天的前一天如果休息的话，第二天就不休息。再假设某一天为工作日，且这一天的前两天不上班的话，那么第二天为工作日；如果这一天的前两天上班的话，那么第二天就休息。

　　那么，在一年的365天中，这个部门的职员究竟要工作多少天？

识别纯金台秤

　　这里有5座相同类型的台秤，其中一个台秤的摆针是用纯金制成的。假定除了摆针，5座台秤的材料全部相同。在不允许把台秤拆开，也不许使用其他台秤的情况下，请用最简单的方法找出那个摆针由纯金制作的台秤。

　　请问，应该怎么做？

　　想，想，想，我一定要把这个问题的答案想出来。

猜准扑克牌

每副扑克牌的背面都是一模一样的。现在有一张扑克牌背面朝上扣在桌面上。下面来猜测这张扑克牌的正面。

你能想出一个一猜就中的方法吗？

两个女郎

在一节列车的车厢里，有两个打扮入时的女郎相对而坐。她俩互不认识，所以都未说话。不久，列车驶入隧道，又出了隧道，一个女郎满脸煤灰，黑乎乎的，大概是因为坐在逆风位置的缘故。而另一个女郎的脸一点儿都不脏。但是，最后去洗脸的却是那个脸不脏的女郎，脸上沾满煤灰的女郎却仍若无其事地坐在那里。

你能说出她俩做出这种奇怪行为的原因是什么吗？

答案

◆最后一点

有可能。如下图那样画直线，就剩下"点"这个汉字了。解答这个问题需要一瞬间闪现出来的灵感。如果觉察到17个点的位置的重要性，就能找到解决问题的线索了。

◆计算工作日

219天。题目的叙述很烦琐。实际是"连续三天工作，连续两天休息"，如此反复。从本质上看是个简单的问题，但用文字表达就变得十分复杂。所以我们要善于透过现象看本质。

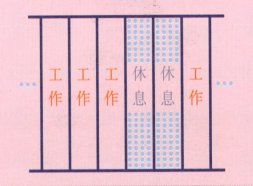

◆圆形盖子的妙处

圆形的盖子绝对不会掉进下水道。如果是正方形或三角形，在盖盖子或开盖子时都会有掉进下水道的可能(如右图)。许多我们平时看惯了的形状，实际上都隐藏着非常重要的意义和法则。比如说，铅笔做成六角形，是为了防止在桌面上滚动。用敏锐的眼光去透视这些形状的意义，就能在日常生活中获得很多的智慧。

正三角形　　正方形

◆识别纯金台秤

把所有台秤倒置过来，摆针由纯金制成的台秤所显示的刻度会与其他秤不同。纯金制的摆针比其他摆针要重。当开始考虑怎样才能找出台秤的基座部分的重量差异的时候，就已经找到通向答案的途径了。

◆猜准扑克牌

掀开看。只要没有所谓的特异功能，不掀开是不可能猜中的。也许你会从"一猜就中的方法"这些字眼儿着手考虑，可是，题目里并没有给这些条件。要回答这种一眼看上去凭直觉便知道是不可能的问题，关键是找出回答它的条件。

◆两个女郎

看见对方脸脏的那个女郎，以为自己的脸也和她一样脏，便去洗脸。而看见对方脸干净的那个女郎认为自己的脸也是干净的。解题首先要正确分析题目给出的条件。这个问题的关键在于"都未说话"。

能穿洞的立体物

如右图，在一块厚板上有4个洞，当一个立体物穿过这些洞时，不论是哪个洞，都能不留缝隙，正好穿过。

请问，这个立体物究竟是什么东西？

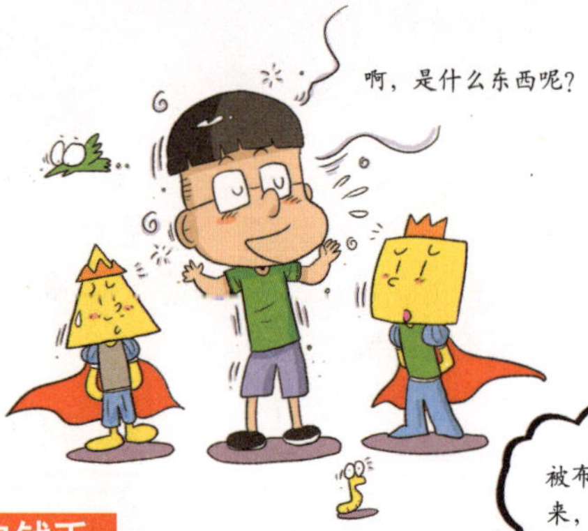
啊，是什么东西呢？

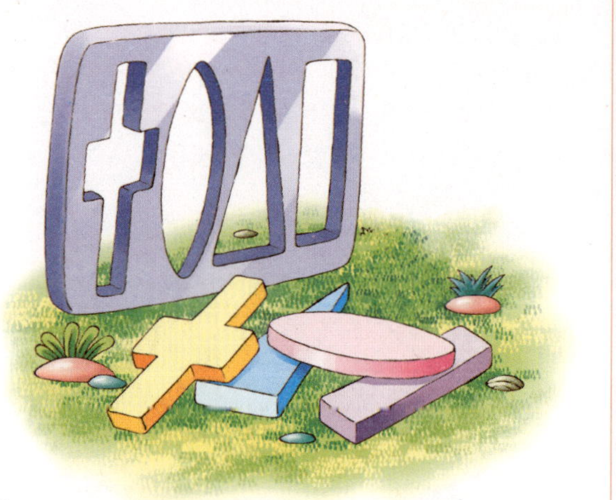

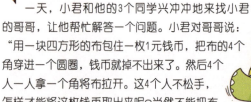

布包钱币

一天，小君和他的3个同学兴冲冲地来找小君的哥哥，让他帮忙解答一个问题。小君对哥哥说："用一块四方形的布包住一枚1元钱币，把布的4个角穿进一个圆圈，钱币就掉不出来了。然后4个人一人拿一个角将布拉开。这4个人不松手，怎样才能将这枚钱币取出来呢？当然不能把布剪开，也不能砸断圆圈。"小君的哥哥稍微琢磨了一下后，就顺利地把钱取出来了。

你知道小君的哥哥是怎么做到的吗？

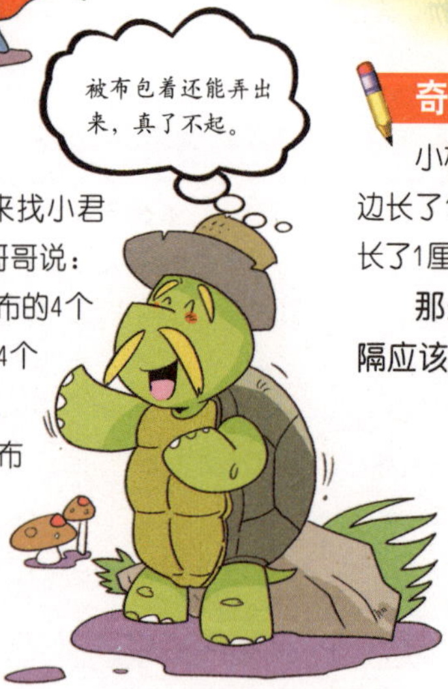
被布包着还能弄出来，真了不起。

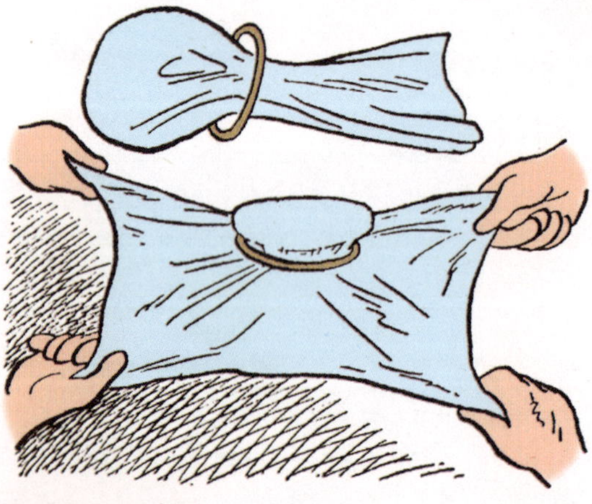

直线变曲线

小柯的哥哥正在家里举行同学聚会。大家都很喜欢听小柯家的老式唱片机里播放的悠扬的曲子。听着音乐，有的谈天，有的跳舞，有的玩游戏，热闹极了。这时，一个扎着马尾辫的女孩对大家说："我本来想画直线，可画好后一看却是曲线，但是一画曲线结果又变成了直线。请告诉我，这是为什么？当然我是用普通的笔在一张平纸上画的。"

你知道这是怎么一回事吗？

奇怪的折纸

小林把一张细长的纸对折，结果一边比另一边长了1厘米。反过来重折一次，这次是另一边长了1厘米。

那么，这张纸正中折起的两条痕迹的间隔应该是几厘米？

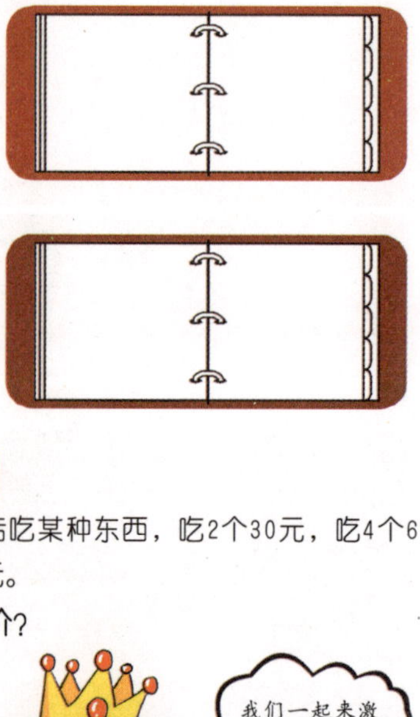

怎么计的价

小君在一个饭店吃某种东西，吃2个30元，吃4个60元，但吃12个是120元。

饭店怎么计的价？

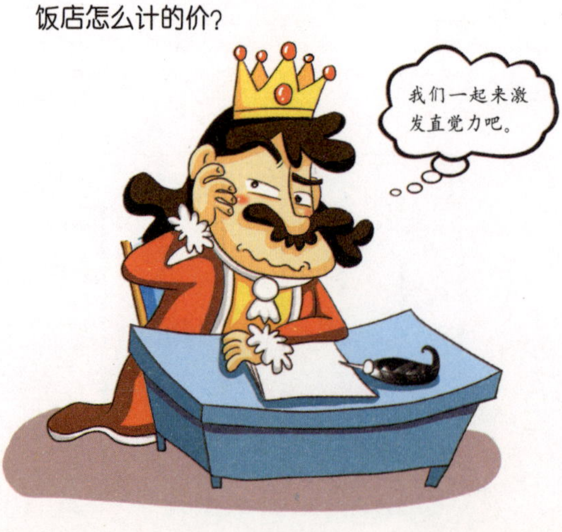
我们一起来激发直觉力吧。

奇怪的交通工具

小赵和几个人一块儿乘坐某种交通工具，周围的人都说："啊，真勇敢啊！"可中途其他人都陆续下去了，只剩小赵和另一个人。小赵下来时，周围的人都说小赵："你太不勇敢了。"

请问，小赵乘坐的究竟是什么交通工具呢？

妈妈的好办法

丁丁和当当兄弟俩每天放学回来都要吃零食。一天，妈妈为他们准备的零食是1根香蕉（净重150克）、1个苹果（380克）和8颗草莓，哥俩回来一人一半。没想到，今天放学后，他们还带了一个同学回来。

那么原来准备好的两人分的东西能不能等量地分给3个人呢？

答案

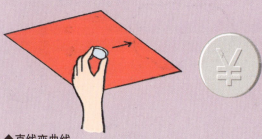

◆能穿洞的立体物

是用海绵做成的东西。如果被形状所束缚，就无法解答这个问题。另外"立体物"也是一个陷阱，因为立体物如海绵这类东西也是可以变形的。

◆布包钱币

用手从外侧轻轻地抓住圆圈，慢慢地移动，一直移至布边为止。

◆直线变曲线

这些线条是在一张放在旋转着的唱片上的纸上画的。解决这个问题的关键是要想到在实际生活中有可能发生类似的事。如果是一个对音响有兴趣的同学，可能会立刻想到这一点。不过在唱片上画曲线变成直线这一点是相当难做到的，因为唱片外周的线速比内周的要快得多，需要掌握其要领。

◆奇怪的折纸

答案是1厘米。把1厘米厚的火柴盒扯开铺平后再思考的话，就很容易明白了。回答这个问题也需要靠直觉，从日常生活中汲取灵感是强化直觉力的重要手段。

◆怎么计的价

比方说每一串肉丸上串有3个肉丸，一串30元，吃两个剩一个也必须付30元。这是计价的单位规定的。这类实例很多。如果能领悟到30元、60元不光是抽象的数量，而且也是具体物品的单价，就能找到解决问题的方法。

◆奇怪的交通工具

小赵乘坐的是跳伞用的飞机。途中，其他人都从机上跳伞了，只有小赵不敢跳，又坐着飞机返回了，所以人们说他"太不勇敢了"。机上的另一个人是驾驶员。

◆妈妈的好办法

能。将香蕉、苹果、草莓做成饮料，这样3个人就都可以喝到等量的3种水果的混合饮料了。要考虑到物质形态的相互转化，这种思考方法是训练直觉力的基本要求。

倒强酸

有一只形状不规则的透明玻璃瓶，瓶上只有10升和5升两个刻度。瓶内盛有某种强酸，它的液面在10升和5升之间（见右图）。由于这种酸很危险而且极易挥发，所以不能将它倒入量杯等容器里。

你能否用简易的办法，从瓶内倒出5升强酸来？

失误的妙计

百合小姐的眼睛高度近视。可是，今天的视力检查她很自信，她两眼的视力将是2.0。理由是，她把视力检查表全背下来了。不过，当视力检查开始时，在视力表没有问题且没有出现别的异常的情况下，百合小姐察觉到自己的妙计竟有一个重大失误。

你知道这个重大失误是什么吗？

画鸡蛋

利用圆规，你可以简便地画出鸡蛋的形状吗？

鱼饵

小明的爸爸很喜欢养鱼。在他家透明的水缸里，漂亮的鱼儿游来游去，快乐极了。不过，小明却发现了一件百思不得其解的事。水缸里有两种鱼，可是，爸爸每次只买一种鱼吃的饵料。

这是为什么呢？

孤独的沙漏

科学院的宇航员杨先生有一个习惯，每天早晨刷牙用时1分钟，时间则靠沙漏计时器控制。可是有一天，杨先生要出差一周，于是他嘟囔道："这回用不上沙漏计时器了，真扫兴。"

沙漏计时器体积小，重量轻，携带方便，可是杨先生为什么不带上它呢？

直觉猜图

右图中A是0，B是9，C是6。那么，D是多少？

A

B

C

D

神枪手

猎人老田有一支质量相当好的猎枪，卖枪人说这种枪的最大射程是600米。可是，老田用了很多次，到目前为止，这支枪的子弹还从没有射过那么远。也就是说，不论是对空射，还是在大平原上射，子弹都没有射出过600米的距离。

这究竟是为什么呢？

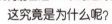

是不是枪有问题啊？

购买土著特产

一个到非洲东部旅行的旅游者向当地人购买一种当地特产。买这种产品1个需付3美元60美分，加上付给中介人的手续费36美分，共计3美元96美分。而当地没有所付货币的零钱。假设现在只有10美元和1美元这两种钞票，为了不剩零钱，就必须最少买25个（99美元）。

那么假设只有10美元的钞票和1美分的硬币，最少必须买多少个？

✏ 简易计量法

这里有一个有100毫升刻度的药瓶。里面装有100毫升的药水，我们不知道瓶中的空隙还能装进多少药水。

请问，不借助任何工具，怎样才能知道药瓶还能装入多少药水？

✏ 神秘之物

有一个东西，它一旦消失，9天之内不会出现。当下一次再消失时，又会在2天后出现，然后又消失。之后，一般是10天后再现，一年只有一次是8天或9天后再现。这个东西就在我们身边。

请问，它是什么？

答案

◆倒强酸

在瓶内放入不同大小的玻璃弹子，使酸的液面上升到10升刻度处。然后倒出酸液，使液面下降至5升刻度处即可。

◆失误的妙计

原来百合小姐没想到自己竟会看不清指示棒所指示的位置。

◆画鸡蛋

可以。鸡蛋要从箭头所指方向去看，非常圆。所以只要用圆规画一个圆就行了。

◆鱼饵

一种鱼是另一种鱼的饵料，小明的爸爸只需买一种鱼的饵料就行了。鱼或某些动物，成为别的鱼或其他动物饵料的种类总是相对较多，因此其存在总数就多，越强大的动物成为食饵的可能性越小，所以它的数量也就越少，这是自然规律。

◆孤独的沙漏

杨先生是宇航员，这回的工作地点是失重的宇宙空间，沙漏计时器无法使用。被语言所迷惑，就有可能看不清事物的本质。如果能做到不受"沙漏计时器""刷牙"等日常生活用语的束缚，凭借直觉力就能答出此题。

◆直觉猜图

是3。右图中的圆点部分表示时钟的分针和时针的方向。

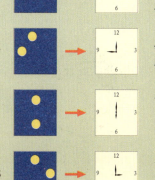

◆神枪手

老田发射的子弹总是在600米内就射中了猎物，他是个很棒的猎人。

◆购买土著特产

1个。付396个1美分硬币，就可以只买1个而不剩零钱了。

◆简易计量法

只要把盖着瓶塞的药瓶倒转过来，再看看刻度便一目了然。

◆神秘之物

这个东西就是用于表示日期的数字"1"。"1号"之后没有带"1"的日期，直到9天后"10号"出现。再之后直到"19号"为止都带"1"，在"19号"之后夹了个"20号"，两天后到"21号"，再一次出现"1"，然后一直到10天后的"31号"或"1号"。一年只有2月份的日子少，所以一年中只有一次是8天或9天后又再现"1"。

第三单元 NO.3

☐ 培养敏锐的观察力

培养细致敏锐的观察能力也是启发大脑、训练智力的重要内容。本单元的训练内容包括两部分：一是检测大家在日常生活中对周围事物观察的细致程度。二是训练大家对平面视图的观察能力。

观察嘛，就是睁大眼睛仔细看啰。

异样的立方体

以下4个立方体，有3个是完全一样的，另一个有点异样。你能把这个异样的立方体找出来吗？

① ② ③ ④

哪张牌放错了

小丁把9张黑桃扑克牌按照左下图的样子每3张分成1组，可是其中好像只有1张牌放错了。你知道是哪张牌吗？

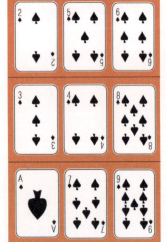

好像不太容易，让我来试试吧。

寻找五角星

下图中有一颗漂亮的五角星，你能找到吗？

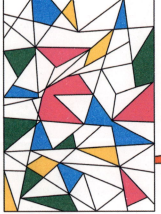 

小熊的足迹

右边的这幅画中有重大错误，你能指出来吗？

猜猜背面

右图为一个立方体的三个不同角度的3张照片。

你能根据这几张照片，判断黑点数为2的立方体背面有几个小黑点吗？

✏️ 十字图形

接下来该是哪个十字图形？

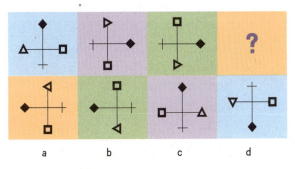

a   b   c   d

✏️ 不一样的天平

这里有7座天平，其中一座与其他6座不同，区别不在于形状，而在于紫砖、绿砖的重量。

你能找出是哪一座吗？

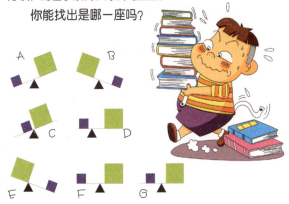

答案

◆异样的立方体

注意每个立方体中3个黑点的走向。第一、第二和第三个立方体的3个黑点的走向都如图A所示，只有第四个立方体的3个黑点的走向如图B所示。因此，异样的立方体是原题中的第四个(图C)。

A   B   C

◆哪张牌放错了

黑桃7。小丁摆的牌，每一组桃柄向下的黑桃都要比反方向的黑桃多3个。所以可断定黑桃7上下放反了。

◆猜猜背面

应为4个小黑点。立方体平面图展开如下图。

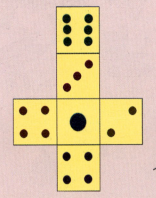

◆寻找五角星

五角星的位置如右图所示。

◆小熊的足迹

仔细观察小熊的足迹，你会发现图中左右脚的脚印错位了。观察现象要敏锐。以足迹为题，耐心地追踪足迹也是解决问题的一个手段。一说画中有错，人人都会带着问题意识来看这幅画。但是，本题提醒我们不要由别人提出问题，而应该通过细心观察生活中的各种现象去发现问题。

◆十字图形

答案为选项d。

◆不一样的天平

F。根据6座天平所示的重量判断，应该是紫砖比绿砖重，而F图画的紫砖和绿砖重量相等，因而是错误的。

分割黄立方体

有一个六面全黄的立方体，有人从纵横方向将它均匀分割成27个小的立方体。

符合下列条件的小立方体各有多少个？

①3面黄
②2面黄
③1面黄
④无色

时钟店

在一家钟表店里，放有5座时钟，但只有一座时钟的时间是准确的。下图中A、B、C、D、E与a、b、c、d、e为同样5座时钟，但是摆放顺序不同。它们显示的时间为相邻两天的同一时间。

哪一座时钟的时间是准确的呢？

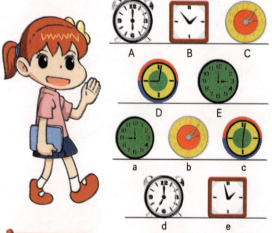

分辨图形

如图所示：A、B、C、D四个不同的图形，是由1、2、3、4中某几个图形组成的。

你能说出A、B、C、D各是由哪些图形组成的吗？

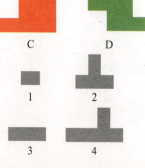

不相交的路线

有5个小朋友，分别要去探望他们各自的同学，现在要求5个小朋友所走的路线完全不能相交。（注：5个小朋友住的房子和他们的同学住的房子字母编号是一样的，分别是A、B、C、D、E。）

那么，他们到底应该怎样走呢？

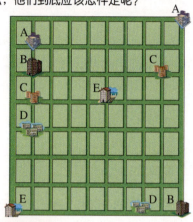

阴影比大小

请你仔细观察后回答，下面两个图中，哪个的阴影部分大一些？

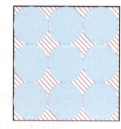

拼正方形

在下面各个图形中，有4块图形组合起来，可以拼成一个正方形。

你知道是哪4块吗？

✏ 变形图案

下列 4 个变形而来的图形中，哪一个与原始图形相符？可忽视线条长度。

原始图形

(a)

(b)

(c)

(d)

✏ 堵冰缝

右图中有 27 块浮冰，一只小蜜蜂正在冰缝处四处观望。

你知道哪一块浮冰能正好堵住这个冰缝吗？

答案

◆ 分割黄立方体

①3面黄的有8个。②2面黄的有12个。③1面黄的有6个。④无色的只有1个。如右图，8个角上的小立方体是3面黄。各面上有"○"的是1面黄。最中心的无色，仅有1个。剩下的都是2面黄。

◆ 时钟店

C(b)。因为题中强调是相邻两天的同一时间。

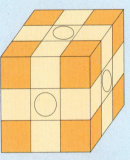

◆ 分辨图形

A：1 2 3　　B：2 3 4
C：1 3 4　　D：1 2 4

◆ 不相交的路线

答案见下图。

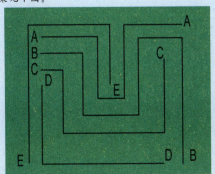

◆ 阴影比大小

两图的阴影部分一样大。

◆ 拼正方形

如图：3, 4, 6, 8。

◆ 变形图案

答案为选项(a)。

◆ 堵冰缝

第27块浮冰。

奇妙的形象

在下面一系列的图画中，每一幅图都包含有两种不同的画面。

你能将它们找出来吗？一定要集中注意力进行观察哦。

(1)

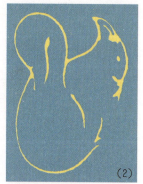
(2)

③

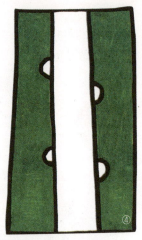
④

③

④

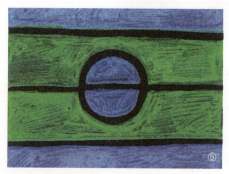
⑤

(5)

(6)

福尔摩斯的房间

这是大名鼎鼎的侦探福尔摩斯的房间，不过这个房间里有一些古怪之处。

你能找出12处不合常理的地方吗？

换个角度看世界

这是一些简单却又很奇怪的图画。想要看明白它们，你得稍微改变一下老眼光，这样才能找到答案。

你知道这些图案表达的是什么吗？

①

②

梦幻足球赛

梦幻球场上正在进行着一场激烈的足球赛。

你能找出图中3个错误的地方吗？

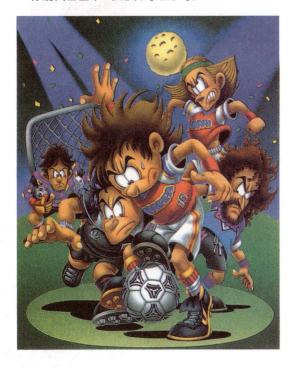

棒球赛

这是一场室内的棒球赛运动。

你能找出图中10个错误的地方吗？

答案

◆奇妙的形象

(1) 一个可以看到 $\frac{3}{4}$ 脸的人和一条鱼。

(2) 一只天鹅和一只大尾巴的小松鼠。

(3) 一个人的背影以及一个人的侧脸。

(4) 巫婆的鼻子也是年轻女子的下巴。

(5) 往右飞的隼和往左飞的天鹅。

(6) 兔子的耳朵也是鸭嘴。

◆换个角度看世界

(1) 一只在老鼠洞门口守候的猫。

(2) 放在老鼠洞门口的一大块奶酪。

(3) 一个女孩戴着太阳帽，穿着裙子，骑着自行车去兜风。

(4) 一只小熊爬到树上去找蜂蜜。

(5) 一座桥和它在水中的倒影。

◆福尔摩斯的房间

1. 墙上的壁画是个荷包蛋。

2. 窗帘上有只鸟。

3. 烟斗里有多支香烟。

4. 上衣口袋里有叉子。

5. 左手戴手铐。

6. 纸上映出手骨的影子。

7. 杯子浮在空中。

8. 窗外有外星人。

9. 裁纸刀的刀尖插着榧子。

10. 时钟的表盘错误，而且分针跑出来了。

11. 植物上方长出了一只灯泡。

12. 信封上的收信人是Mrs. （福尔摩斯没有妻子）。

◆梦幻足球赛

1. 裁判加入抢球的激战中。

2. 守门员手上已抱了一个足球。

3. 球员跳起来用头顶的是月球。

◆棒球赛

1. 头盔的护耳罩应戴在左边。

2. 握棒的右手应在左手的上方。

3. 棒球应为白色。

4. 棒球球员不应穿钉鞋。

5. 捕手不应戴拳击手套。

6. 裁判不能戴太阳镜。

7. 球场上方的照明灯不应是红绿灯。

8. 记分牌上的出局人数应在坏球数下方，而且既已出局，就不应该有人在场上打击。

9. 球员左右脚的袜子不同色。

10. 本垒板的方向反了。

聪明来自于善于记忆的大脑嘛!

第四单元 NO.4

锻炼超凡的记忆力

记忆力是智商的构成部分之一，良好的记忆力对高智商的培养起着重要的作用。许多智商活动的开展都需要建立在对一些常识、概念等记忆的基础上。本单元设置了一些形式多样、生动有趣的记忆力训练题，希望能提高你的记忆力。

记数字

下面有几组阿拉伯数字，请你用10秒钟的时间记住这些数字。然后，不要看原题，来完成下面的练习。

115　161　336　213　842

练习：在右框内填上空缺的数字。

挑图形

请将下面几组图形用1分钟记住，然后完成下面的练习。

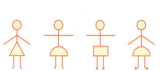

练习：在下面这组图形中，挑出上面图中已经出现过的图形。

卡片算术

现在有7张卡片，请你记住每张卡片上的数字，它们之和是100。

| 1 | 2 | 4 | 8 | 16 | 32 | 37 |

练习：

1.卡片上的数字之和是40，应该是哪几张卡片？

2.卡片上的数字之和是98，应该是哪几张卡片？

3.卡片上的数字之差是36，应该是哪几张卡片？

数图对应

下面是一组数字和与之相对应的图形，请你用1分钟的时间记住这些数字和相对应的图形，然后完成后面的练习。

练习：请不要看上面的数字和图形，把下面的几组数字相对应的图形填出。

数图应用

下面是一组数字和与之相对应的图形，请用1分钟的时间记住它们，然后完成后面的练习。

0　1　2　3　4　5　6　7　8　9

△　□　×　◻　○　※　◺　⊙　▽　☆

练习：请你在下面的空格处，按上图所示，填上相应的图形（填写时不要看上面的图形）。

1.中华人民共和国是＿＿＿年＿＿月＿＿日宣告成立的。

2.你的生日是＿＿＿年＿＿月＿＿日。

3.你妈妈的生日是＿＿＿年＿＿月＿＿日。

4.你爸爸的生日是＿＿＿年＿＿月＿＿日。

记忆补图

下面有6个图形，请你用1分钟的时间记住它们，然后完成后面的练习。

练习：请不要看上面的图形，凭你的记忆将下面这些图按上面的图形补充完整。

数字记忆

下面是一组有一定特点的数字组合，请用2分钟的时间将它们记住，然后完成下面的练习。

82800828　80800828　81823456　83456818
82847210　82108284　83080808　83088080

练习：不看上面的数字，凭记忆，请你判断出下面的哪几个数字组合和上面的相同，用"√"将对应的序号标出来。

①82108284　②82810828　③81348456
④81823456　⑤83088080

重画原图

下面有10个图形，请你用2分钟的时间记住它们的形状，然后完成下面的练习。

练习：请不要看上面的图形，根据你的记忆将原图画出来，看看你能画出几个。

记左察右

请用10秒钟的时间，细心观察左方的图案，尽可能记住它们的特点，然后，用书遮盖，再看看右方的图案。请找出右方图案中已在左方出现过的图案。

倒背数字

下面所有数字，请你试着把它们倒背出来。

325　483
46375　6538174

成语识记

下面有8个成语，请用2分钟的时间进行识记，然后完成后面的练习。

千方百计　千军万马　千秋万代　千载难逢
千真万确　千山万水　千里迢迢　千钧一发

练习：

千__百计 千秋万__　千里__ __ 千__ 难__
千__万确 千山万__　千 __ 一发 千军 __ 马

凹凸镜编号

我们在第一个房间放了9面镜子，分别是"凸凸凹凹凸凹凹凹凸"，这个房间的编号是"001101110"。我们在另一个房间也摆了9面镜子，分别是"凸凹凹凹凸凸凸凸凹"，那么，这个房间的编号应是多少，请你选出正确答案。

A.100111100　B.011001011　C.011000111
D.100011100　E.011000011

图形变数字

下面是一组图形和与之相对应的数字，请你用2分钟的时间记住它们，然后完成下面的练习。

△	○	×	▽	★	☆
3	5	2	6	8	7

练习：请不要看上图，把下面的几组图形相对应的数字填写出来。

名词运用

请你用60秒快速记忆下列8个词，然后完成下面的练习。

电话　　电视机　　汽车　　电脑

飞机　　自行车　　跑步机　　椅子

练习：请不要看上面的名词，凭记忆回答下面的问题。

①_____是需要用电的。

②_____属于运输工具。

③_____与_____可以联起来使用。

④_____和_____可用来锻炼身体。

⑤_____和_____是使用燃料的。

模仿画图

请你把右边的图形模仿着画下来，并且回答这是哪个洲。

有意义的数字

下面有5组数字，请你用2分钟的时间牢牢地记住它们，并记住它们代表的意义，然后完成下面的练习。

1. 珠穆朗玛峰的高度：8844.43米。

2. 长江全长：6300千米。

3. 黄河全长：5464千米。

4. 中国的国土面积：960万平方千米。

5. 北京到上海的距离：1200千米。

练习：请根据记忆，快速写出这些有意义的数字。

1. 珠穆朗玛峰的高度：_____米。

2. 长江全长：_____千米。

3. 黄河全长：_____千米。

4. 中国的国土面积：_____万平方千米。

5. 北京到上海的距离：_____千米。

密码翻译

请根据密码本的译码，将下面的符号转换成英文字母。

图形补充

右面有8个图形，请你用2分钟的时间记住它们，然后完成下面的练习。

练习：请根据你的记忆，把图中所缺的部分补充完整。

灵活记忆

请你用2分钟的时间记住下面的内容，然后完成练习中的问题。

小明和小丽同在一个班学习。

小丽和小娟都是女同学。

小丽和小山的生日相同。

小娟和小明身高相同。

练习：请不要看上面的内容，凭记忆完成下面的问题。

①_____和_____是同班同学。

②小丽和小山的_____相同。

③_____和_____都是女同学。

④_____和_____身高相同。

倒背古诗

请将下面的诗读3分钟，然后倒背出来。

> 朝辞白帝彩云间，
> 千里江陵一日还。
> 两岸猿声啼不住，
> 轻舟已过万重山。

倒背好玩吗？

默记人名

下面是一些人物和身份的名称，请默记10分钟，记住代表人物和身份的符号，然后用纸将它盖住，再回答下面的题目。

A.李时珍		H.作家	
B.托尔斯泰		I.政治家	
C.孔子		J.音乐家	
D.李白		K.教育家	
E.华盛顿		L.诗人	
F.贝多芬		M.医药学家	

将代表人名与身份的符号配对，在代表人名的符号后填上代表身份的符号。

A——？ C——？ E——？
B——？ D——？ F——？

反序复述

请你的同学按每秒钟一个数的速度读下列数字，你按相反的顺序复述，如"248"复述为"842"。每组中能正确复述一行即算通过，直到不通过为止，记上正确倒背的题数。

①	④	⑦
3 8	8 2 9 3 6	3 2 6 7 2 4 5 9
4 9	6 7 2 4 9	5 2 4 7 6 3 1 9
2 5	2 1 5 7 3	6 4 1 8 7 5 3 2
②	⑤	⑧
5 3 9	3 2 6 7 1 5	2 7 5 3 9 4 6 8 3
1 6 4	2 8 5 4 6 1	3 6 4 9 7 1 5 2 4
4 9 2	1 8 6 3 7 4	4 7 8 2 9 6 2 5 3
③	⑥	⑨
5 2 9 3	6 5 2 7 8 3 9	3 8 4 5 2 6 9 1 7 4
6 8 4 7	3 8 1 5 4 7 2	
4 9 1 6	4 8 6 9 5 1 7	

配词

下面有12组词，先花10分钟记下这些词，然后用纸盖上词组，做下面的题。

起点——序言	解释——批评
房屋——山顶	步枪——球鞋
原始——延续	企业——商店
音乐——学校	壮丽——春天
集中——归纳	残忍——雨水
辽阔——毒蛇	肮脏——绿叶

（1）用线条把下面的词配对连上。

原始	春天
辽阔	山顶
房屋	批评
壮丽	延续
企业	毒蛇
解释	商店

这里肯定有答案！

（2）请填写上配对的词。

残忍——？   ？——绿叶
音乐——？   ？——归纳
步枪——？   ？——序言

集中记忆

下面共排列了100个数字，请你在这些数字中按顺序找出15个连续数字，例如2～16或61～75等。根据你找到这些数字所花的时间，可以了解你在集中注意力时的记忆程度如何。

12	33	40	97	94	57	22	19	49	60
27	98	79	8	70	13	61	6	80	99
5	41	95	14	76	81	59	48	93	28
20	96	34	62	50	0	68	6	78	39
86	7	42	11	82	85	38	87	24	47
63	32	77	51	71	21	52	4	9	69
35	58	18	43	26	75	30	67	46	88
17	64	53	1	72	15	54	10	37	23
83	73	84	90	44	89	66	97	74	92
25	36	55	65	31	0	45	29	56	2

据我判断，这里肯定有财宝。

第五单元 NO.5

☐ 形成准确的判断能力

无论是在考试中对是非题的解答，还是在生活中对所发生事情的分析，都包含着对某件事或某个人的是与否的判定，这就是判断思维。本单元重点训练你的判断思维，目的是提高你判断的准确性。

✎ 重复出现的图案

以下3个图形，是同一个立方体由于3种不同的放置所呈现出来的3种不同的视面。

　图一　　　　图二　　　　图三

从图中可以看到，有以下5种图案分别出现在立方体的各个侧面：

这里有出现了两次的图案吗？

事实上，上述立方体的6个侧面都有图案，而出现在立方体的各个侧面上的图案，总共只有这5种。也就是说，有一种图案出现了两次。

如果上述3种视面中，位于底部的图案，都不是出现两次的图案，那么，哪个图案出现了两次？

✎ 判断正误

1.小芳的叔叔是小芳姐姐的祖母的儿子。

2.如果某一年的7月是31天，那么这一年的8月应该是30天了。

3.一个人在6点钟时走进车间，他把挂在地图上的时钟倒挂过来，发现时针正指向地图上的南方。

4.一个小孩用一个半径为6厘米的半圆形卡片制作圣诞卡。他想在上面贴一张长6厘米、宽3厘米的图片，但他发现这张图片根本不能完全放进这个半圆形的卡片内。

5.幼儿园老师给了第一个孩子10块

甜饼，给了第二个孩子15块，给了第三个孩子21块，给了第四个孩子28块。按照这组数列的排列规律，老师应该给第五个孩子35块甜饼。

6.有10个小孩在一起玩雪球。如果每一个小孩都要向其他的每一个小孩扔一个雪球，那么总共扔出了90个雪球。

7.森特的包里有30双红袜子和22双白袜子，如果他随机地从包里掏3次袜子，每次取出一只袜子，他肯定能得到一双配对的袜子。

8.如果一个花环由7片花瓣组成，那么就需要8条连接带。

9.如果蓝气球比绿气球大，蓝色球同时又比红气球大，那么绿气球比红气球大。

10.一个农场是一个正六边形，筑3条直栅栏可以把这个农场平均分成6块。

11.击鼠标比赛开始了。参赛者有小宝、小军和小乐。小宝10秒能击10下鼠标，小军20秒能击20下鼠标，小乐5秒能击5下鼠标。以上各人所用的时间是这样计算的：从第一击开始，到最后一击结束。现比赛要求击40下鼠标，比谁快。那么，他们三个人会打成平手。

12.一只驯鹿驾着雪橇往西走5个街区，然后往南走10个街区，再往东走5个街区，又往北走5个街区，现在雪撬在起点以南5个街区处。

13.汤姆在湖中看见了自己的倒影。他右肩上有一个包，在倒影中，这个包跑到了左肩上。

14.强强有两只左手戴的手套而没有右手戴的手套，他发现只要把这个左手手套翻过来，就可以戴在右手上。

你能快速、准确地判断以上说法的正误吗?请具体说说。

✎ 巧断性别与职业

王家有3个儿女:老大色盲;老二患过小儿麻痹症，左脚略微有点跛;老三口吃。但他们从小就刻苦学习，长大后都有所作为。三人中有一位是画家，有一位是篮球运动员，还有一位是翻译。他们在各自成家后还相处得非常和睦。画家外出，把孩子留在孩子的姑妈家，与姑妈的孩子为伴。一天晚上，电视转播篮球比赛实况，两个小家伙兴奋地指着电视屏幕大叫，一个说："那是舅舅！"另一个说："那是伯伯！"

你能判断出老大、老二和老三的性别和职业吗？

答案

◆重复出现的图案

每种图形或者出现1次，或者出现2次。假设空圆只出现2次，则图一和图二中的空圆是同一个侧面上的空圆。这样，和空圆相邻的4个侧面上，是4个互相不同并且与空圆也不同的图案。因此，图一中位于底部的图案一定出现了2次，这和条件矛盾。所以，图一和图二中的空圆是两个不同的侧面上的空圆，即空圆出现了2次。

◆判断正误

1.对。

小芳姐姐的祖母就是小芳的祖母，她祖母的儿子只能是她的伯伯、叔叔或她爸爸。

2.错。

无论是平年还是闰年，7月和8月都是31天。

3.错。

在6点钟时，时针指向地图上的南方，此时把时钟倒过来，时针应指向北方。

4.错。

这个问题有点复杂并需要想象力。一个等值的问题是：能否把一个边长为3厘米的正方形放进一个半径为6厘米的$\frac{1}{4}$圆中？这个问题的答案是"能"。因为一个正方形对角线总小于它的边长（或在本问题中即半圆的半径）的2倍。

5.错。

老师应该给第五个孩子36块甜饼，因为：
$10+5=15；15+6=21；21+7=28；28+8=36$。

6.对。

每一个小孩都要向除他以外的孩子扔一个雪球，即扔9个雪球，那么10个小孩就应扔90个雪球。

7.对。

假设袜子的颜色分别为x和y，并且第一次森特从包里掏出的袜子的颜色是x。如果他第二次掏出的袜子的颜色是x，那就正好可以配对。如果第二次是y，则他有一只x和一只y，这样，第三次他无论是掏出什么颜色的袜子都可以配对了。

8.错。

每一片有两个端点，每两个端点需要一条连接

带。所以说，连接带的条数与片数相等。这样，做一个由7片花瓣构成的花环只需要7条连接带。

9.错。

我们可以肯定地说蓝气球是最大的，但不能肯定地说出绿气球和红气球的相对大小。

10.对。

通过这个正六边形中心的三条直线就能够把它分成相等的6个三角形。

11.错。

是小军最先击完40下鼠标。因为各人所用的时间是这样计算的：从第一击开始，到最后一击结束。所以，相邻两次击动鼠标的时间间隔，小宝是$\frac{10}{9}$秒，小军是$\frac{20}{19}$秒，小乐是$\frac{5}{4}$秒，即小军击鼠标的时间间隔最短，因而速度最快。

12.对。

往东的5个街区抵消了最初往西的5个街区，所以，雪橇只是往南行了10个街区和往北行了5个街区，最后的结果是往南行了5个街区。

13.对。

倒影或镜像是和原物相反的。所以右边的东西出现在倒影中正好在左边。

14.对。

左手手套翻过来正好适合右手。

◆巧断性别与职业

老大色盲，所以肯定不能绘画。老二腿脚不方便，肯定不能打篮球。根据小孩看球赛时说的话，推断老大为篮球运动员，且为男性。而且老大必有弟、妹各一个（叫"舅舅"者是妹妹的孩子，叫"伯伯"者是弟弟的孩子）。

画家将孩子寄留在孩子的姑妈家，则画家为男性，而翻译则为女性。

又因为老三患有口吃，无法诵读外语，其职业只能是画家。

综上分析，可知：

老大是男性，篮球运动员；

老二是女性，翻译；

老三是男性，画家。

谁的年龄最大

在一次聚会上，有4个人在讨论他们的年龄问题。他们分别是20岁、40岁、60岁和80岁。其中有一个是总讲真话的纽约人，另外3个是一次讲真话一次讲假话的东京人。他们的陈述如下：

A：1. 我是4个人中最老的。

2. 我是纽约人。

3. C比D要年轻。

B：1. C是4个人中最年轻的。

2. B和D的年龄相差20岁。

C：1. 我比A老。

2. B比D老20岁。

D：1. C没有A老。

2. 我比B老。

你能准确说出每个说话的人各属于哪个地区，年龄有多大吗？

	A	B	C	D
1				
2				
3				
纽约人				
东京人				
年　龄				

谁是聪明人

A、B、C 3个人一起参加了物理和化学两门考试。3个人中，只有一个聪明人。

A说：

1. 如果我不聪明，我将不能通过物理考试。

2. 如果我聪明，我将能通过化学考试。

B说：

1. 如果我不聪明，我将不能通过化学考试。

2. 如果我聪明，我将能通过物理考试。

C说：

1. 如果我不聪明，我将不能通过物理考试。

2. 如果我聪明，我将能通过物理考试。

考试结束之后，经证实这3个人说的都是真话，并且：

第一，聪明人是3人中唯一的一个通过这两门科目中某门考试的人。

第二，聪明人也是3人中唯一的一个没有通过另一门考试的人。

那么这3人中，谁是聪明人？

我天天看书，当然很聪明啦。

你的答案是什么？

比赛结果

兄弟俩进行100米短跑比赛。结果，哥哥领先3米取胜。换句话说，哥哥到达终点时，弟弟才跑了97米。兄弟俩决定再赛一次。这一次哥哥从起点线后退3米开始起跑。

假设第二次比赛两人的速度保持不变，谁将会赢得第二次比赛？

八个牌手

在一次大家庭的聚会上，4对夫妇在两张桌子上打扑克牌。他们的搭档分别是：

1. 约翰逊太太与她的女婿搭档。

2. 琼斯先生的搭档是他妻子的弟弟。

3. 琼斯太太与她的妹妹是对手。

4. 约翰逊先生与他的岳父是对手。

5. 史密斯太太的搭档是她的女儿。

6. 威廉太太和她的爷爷搭档。

7. 约翰逊先生的搭档是个男士，他们坐在桌子1。

你能猜出这8个扑克牌手是如何组合的，两张桌子各有哪些人吗？

桌子1　　　桌子2

答案

◆谁的年龄最大

首先必须考虑到一个是纽约人，3个是东京人。

先考虑A的陈述。如果A像他说的那样是个纽约人，那么A所说的都是真实的。如果A是一个东京人，那么他第二次说的就是虚假的，第一次和第三次说的是真实的，这样，A是最老的，C是最年轻的，或者是第二年轻的。C第一次说他是最老的，是虚假的。那么，他是3个东京人之一。他的第二次陈述说，B比D老20岁是真实的。所以，A是80岁，B是60岁，C是20岁，D是40岁。

D第一次说的是真实的，因为他证实了我们已经知道的，即C没有A老。可是他的第二次陈述，说他比B老，是虚假的。D是东京人。

B的两次陈述都是真实的，因此，B是纽约人，A是第三个东京人。

答案：

A：东京人　80岁

B：纽约人　60岁

C：东京人　20岁

D：东京人　40岁

◆谁是聪明人

聪明人是B。

假设聪明人是A，则B和C都不是聪明人。这样就会得出A和C都没有通过物理考试的结论，与条件矛盾，假设不成立。

假设聪明人是C，则A和B都不是聪明人。这样就会得出B和C都没通过化学考试的结论，与条件矛盾，假设不成立。

假设聪明人是B，则可得出B是唯一通过了物理考试，也是唯一的没有通过化学考试的人，所以成立。（注意：从"如果我不聪明，我将不能通过化学考试"，不能得出结论"如果我聪明，我将能通过化学考试"。）

◆比赛结果

有人可能会认为第二场比赛是平局，这个答案是错的。因为由第一场比赛可知，哥哥跑100米所需时间和弟弟跑97米所需的时间是一样的。因此，在第二场比赛中，哥哥和弟弟同时到达AB线，而在剩下的相同的3米距离中，由于哥哥的速度快，所以，当然还是他先到达终点。

◆八个牌手

根据陈述5，史密斯太太的搭档是她的女儿，也就是说搭档可能是约翰逊太太、琼斯太太，或者是威廉太太。根据陈述1，约翰逊太太的搭档是她的女婿，根据陈述6，威廉太太的搭档是她的爸爸。因此，史密斯太太的搭档是琼斯太太。

根据陈述6，威廉太太的搭档是她的爸爸，也就是说可能是琼斯先生、史密斯先生，或者是约翰逊先生。根据陈述7，约翰逊先生的搭档是一个男士；再根据陈述2，琼斯先生的搭档是他妻子的弟弟。因此，威廉太太的搭档是史密斯先生。

根据陈述1，约翰逊太太的搭档是她的女婿，也就是说可能是琼斯先生、史密斯先生，或者是威廉先生。我们知道，琼斯先生的搭档是他妻子的弟弟，而史密斯先生的搭档是威廉太太。因此，约翰逊太太的搭档是威廉先生。琼斯先生和约翰逊先生是一对搭档。

根据陈述4，约翰逊先生和搭档琼斯先生的对手是他的岳父史密斯先生（史密斯太太的女儿是琼斯太太）和威廉太太，他们在桌子1。根据陈述3，琼斯太太（她的搭档是史密斯太太）的对手是她的妹妹——约翰逊太太和威廉先生，他们在桌子2。

答案：

桌子1	桌子2
史密斯先生和威廉太太对约翰逊先生和琼斯先生	史密斯太太和琼斯太太对威廉先生和约翰逊太太

帽子的颜色

老师让6名学生等间距地围坐成一圈，另让一名学生坐在中央，并拿出7顶帽子，其中4顶白色，3顶黑色。然后给7名学生戴上眼罩，并给每人戴1顶帽子，而只解开坐在圈上的6名学生的眼罩。这时，由于坐在中央的学生的阻挡，每个人只能看到5个人的帽子。老师说："现在，你们7个人分别猜一猜自己头上帽子的颜色。"人家静静地思索了好大一会儿。最后，坐在中央的、戴着眼罩的学生举手说："我猜到了。"

请你说说他戴的是什么颜色的帽子，他是怎样猜到的。

谁是告密者

在某别墅，一个爱养鹦鹉的单身女子被杀。凶手是一个叫田中的人，他用刀将女子刺死后逃走了。被害人在断气前连叫了好几遍："凶手是田中，凶手是田中……"由于该别墅坐落在林中，而且窗户紧闭，喊叫声无法传到外面，所以，被害人怎么喊叫凶手的名字都没有用。

第二天，尸体被发现，警察勘查现场后，马上断定凶手就是田中。

那么究竟是谁告的密呢？

各是什么职务

李明、李松、李刚、李通4个人，分别是市场主管、业务经理、财务经理、法务主管。一次，4个人在李明家聚会，李明热情地招待他们，忙着倒茶拿水果。

1.李刚和李通接过水果，吃了起来。

2.财务经理婉言谢绝，因为他不喜欢吃水果。

3.李明是法务主管的妹夫，所以他俩显得格外亲热。李松和李刚看到他俩如此亲热，就感叹自己只有弟弟没有妹妹。

4.分手时，市场主管邀请大家下午去他家。

你能确定这4个人的职务吗？

听纸知字

在圣诞节晚会上，魔术师H先生给一群女士表演了一个有趣的游戏，叫"听纸知字"。他对女士们说："你们每人拿一张纸，随便写上一句话，叠好后交给我。"

女士们很快写好并交给了他。H先生拿起第一张纸，放在耳边听了听，说："这张纸上写着'万事如意'，是谁写的？"

A女士举起手来说："是我。"H先生拆开看，说："果然是'万事如意'4个字。"

于是，他又听下面一张，也听对了。他一张一张地听下去，结果全听对了。女士们都感到很惊奇。

其实H先生和A女士事先就串通好了，他知道A女士写的是"万事如意"4个字。

那么，他是怎样知道其他女士写的话的呢？

真假文物

某地废品收购站收购到一面古铜镜，上面铸着"公元前55年造"的字样。收购员说："这是珍贵的历史文物，应当高价收购，送给历史博物馆。"收购站主任却笑了笑说："没有必要，只按废铜价格收购就是了。"

请问，这是怎么回事呢？

谁去完成任务

在甲、乙、丙、丁、戊5人中要抽调若干人去完成某项任务，但要同时符合下列条件：

1. 丁、戊两人至少要去一人。2. 乙、丙两人只能去一人。3. 假如戊去，甲、丁就都去。4. 丙和丁要么两人都去，要么两人都不去。5. 假如甲去，那么乙也去。

请问，到底谁被抽调出来了呢？

我去完成任务了，猜猜我是谁。

这次的任务到底派谁去了？

不知道啊。

答案

◆帽子的颜色

假设甲是坐在圈上的学生之一，如果甲看到的5顶帽子是四白一黑或二白三黑，甲马上会猜到自己戴的帽子是黑帽还是白帽。可是，"大家静静地思索了好大一会儿"说明甲正在犹豫不决，也就是说甲看到的是三白二黑，还有一白一黑分别戴在甲和甲看不见的人——对面坐着的学生头上。即相对两人所戴帽子颜色不同。

坐在中间的学生按这个逻辑去推导，3组相对而坐的人必然戴着3顶白帽和3顶黑帽，而剩下的一顶白帽一定是戴在自己头上了。

◆谁是告密者

告密者是鸟笼里的鹦鹉。

被害人死前之所以叫了几遍凶手的名字，是为了让在室内饲养的鹦鹉记住。所以，刑警在勘查现场时，发现鹦鹉在反复叫着"凶手是田中"。

◆各是什么职务

李明是业务经理，李松是财务经理，李刚是市场主管，李通是法务主管。

从3可以看出，李明、李松和李刚都不是法务主管，法务主管只能是李通。

从1和2看，李明和李刚、李通都不是财务经理，财务经理只能是李松。从4可以断定李明不是市场主管，可见李明是业务经理，剩下的李刚就是市场主管了。

◆听纸知字

H先生先偷偷地把A女士的纸条放在所有纸条的最下面。他第一次拿起来"听"的是另外一位女士的纸条，但他把它当作A女士的"听"出来，再拆开看时，就知道第二位女士写的是什么了。当拿起第二张纸条时，就把刚才看到的那张纸上的字"听"出来，然后又拆开看，看后又拿另一张来"听"，"听"后又把刚才看到的字说出来。就这样一张张"听"下去，最后才拆开A女士的，结果就全"听"对了。

◆真假文物

如果真是文物，就不会铸有"公元前55年造"的字样。因为我国到民国初才开始使用公元纪年，所以古铜镜肯定是假的。这道题是常识题，在做智力题时，有时也要从常识方面去考虑。

◆谁去完成任务

可作如下推断：

假设甲去，根据第5条乙也去，根据第2条丙不去，根据第4条丁不去，根据第3条戊去，根据第1条丁也去。可知，在让甲去的前提下，就要推出丁去、丁又不去的矛盾结论，故甲不能去。

假设甲不去，根据第3条戊不去，根据第1条丁去，根据第4条丙也去，根据第2条乙不去，没有矛盾。因此，在甲、乙、丙、丁、戊5人中，应该让丙、丁两人去完成任务。

又没答对……

第六单元 NO.6

强化细致的分析能力

在日常的学习和生活中，我们需要首先对各种事物的内容和特点进行条理化、类型化的整理，在此基础上才能搞清各种事物的相互关系，才能依据常理做出正确的判断。这就是分析思维的特点。

谁说了真话

不会抓错人吧？

我抓了5个犯罪嫌疑人，对他们的谈话做了记录：

A说：5个人中有1人说谎。

B说：5个人中有2人说谎。

C说：5个人中有3人说谎。

D说：5个人中有4人说谎。

E说：5个人都在说谎。

最后我只释放了说真话的人，你知道释放了多少人吗？

他们是什么关系

有A、B、C、D、E5个亲戚，其中4个人每人讲了一个真实情况，如下：

1. B是我父亲的兄弟。

2. E是我的岳母。

3. C是我女婿的兄弟。

4. A是我兄弟的妻子。

上面说话的每个人都是这5人中的一个。

请问，这5人分别是什么关系？

谁养蛇

有5位女士排成一列：所有的女士姓不同，穿的衣服不同，喝的饮料不同，养的宠物不同，吃的水果不同。

已知：

1. 钱女士穿红色衣服。

2. 翁女士养了一条狗。

3. 陈女士喝茶。

4. 穿绿衣服的站在穿白衣服的左边。

5. 穿绿衣服的女士喝咖啡。

6. 吃西瓜的女士养鸟。

7. 穿黄衣服的女士吃梨。

8. 站在中间的女士喝牛奶。

9. 赵女士站在最左边。

10. 吃橘子的女士站在养猫的女士的旁边。

11. 养鱼的女士旁边的女士吃梨。

12. 吃苹果的女士喝香槟。

13. 江女士吃香蕉。

14. 赵女士站在穿蓝衣服的女士旁边。

15. 喝开水的女士站在吃橘子的女士旁边。

请问，哪位女士养蛇？

猜出我的主人是谁了吗？

这怎么排序呀？愁死我了。唉！

✏ 健康调查

下表是某校某班的一个调查结果，做这个调查的目的是为了知道有多少学生患有肥胖症或近视眼。

视力正常	近视眼	总数
88%	12%	100%

体重正常	肥胖症	总数
95%	5%	100%

从视力正常的88%中减去有肥胖症的5%，你得到83%。从体重正常的95%中减去有近视眼的12%，你得到的也是83%。

这一结果是不是一种偶然的巧合？如果不是，为什么？

答案

◆谁说了真话

1人。只有D被释放了，其他人都在说谎。假定A说了真话，其他4个人之中的3人必须和A说相同的话，如此分析B、C，说真话的只能是D。如果假设E说真话则陷入自相矛盾之中。

◆他们是什么关系

B和C是兄弟。A是B的妻子。E是A的母亲。D是C的子女。

可知B、C是男，A、E是女，则B、C为兄弟。则4为C所说，A是B的妻子。

◆谁养蛇

将文中叙述的问题一一列表分析后可得：

女士	衣服颜色	饮料	宠物	水果
赵	黄	开水	猫	梨
陈	蓝	茶	鱼	橘子
钱	红	牛奶	鸟	西瓜
江	绿	咖啡	蛇	香蕉
翁	白	香槟	狗	苹果

从表中可知江女士养蛇。

◆健康调查

本题的结果不是一个偶然的巧合。我们可以用初等代数的简单方法证明它。

令x表示全体学生的数目。A表示其中视力正常的学生的数目，B表示有近视眼的学生的数目，C表示体重正常的学生的数目，D表示有肥胖症的学生的数目。

显然：

$A+B=x$

$C+D=x$

所以有：$A+B=C+D$ $\qquad$ (1)

因为$X \neq 0$，所以可将 (1) 式的两边除以X，得：

$$\frac{A}{X}+\frac{B}{X}=\frac{C}{X}+\frac{D}{X} \qquad (2)$$

由 (2) 式移项可得：

$$\frac{A}{X}-\frac{D}{X}=\frac{C}{X}-\frac{B}{X} \qquad (3)$$

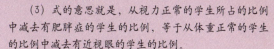

(3) 式的意思就是，从视力正常的学生所占的比例中减去有肥胖症的学生的比例，等于从体重正常的学生的比例中减去有近视眼的学生的比例。

因此，不管上述各项比例的具体数值是多少，等式都是成立的。

这些题很难哦！让我上网查查。

喜欢的户外运动

已知：

1. 格尔和她的丈夫（他不叫康德，也不叫道格）不喜欢打高尔夫球，也不喜欢曲棍球。

2. 纳德夫妇和欧文夫妇，还有乔斯和她的丈夫，他们是邻居。鲍布和妻子，以及科尔夫妇住在不同的地区。

3. 弗兰和她的丈夫（他不叫埃德，也不叫鲍布）把大部分时间都用来划船。

4. 艾尔和他的妻子（她不叫伊玛，也不叫格尔）喜欢钓鱼。

5. 雷尼夫妇都是很出色的网球手，两个人都喜欢参加比赛。

6. 乔斯和她的丈夫（他不叫道格）尽可能地把每天的时间都花在高尔夫球场上。

7. 艾尔和他的妻子有时也和他们的邻居欧文夫妇打桥牌。

8. 康德和他的妻子住的地方与别人有一段距离，他们住在山边，这样他们可以在那里打曲棍球。

根据上面的句子，猜一猜每一位丈夫和妻子的全名（其中有一个名哈莉，一个姓马克），以及每对夫妇各自喜欢的户外运动。

	姓	喜欢的运动
艾尔		
鲍布		
康德		
道格		
埃德		
弗兰		
格尔		
哈莉		
伊玛		
乔斯		

邻居的房子

有5家邻居，他们分别是奎格利夫妇、罗德尼夫妇、史密斯夫妇、泰勒夫妇和翁格尔夫妇。他们或者是隔壁邻居，或者是街对面的邻居。他们中有两家的房子是白色的，一家是灰色的，一家是绿色的，还有一家是蓝色的。

1. 两座白色的房子分别在街的两边，都在街道的西头。

2. 奎格利夫妇的房子与别的房子都不对着。

3. 罗德尼夫妇的房子与奎格利夫妇的房子在街的同一边。

4. 蓝色的房子在东边紧挨着罗德尼夫妇的房子，两家房子在街的同一边。

5. 史密斯夫妇的房子不是白色的，也不是灰色的，挨着翁格尔夫妇的房子，而翁格尔夫妇的房子在街的南边。

6. 泰勒夫妇的房子在史密斯夫妇的房子对面。

猜一猜各家的房子在街道的哪一边，各是什么颜色。

	北边	南边	颜色
奎格利			
罗德尼			
史密斯			
泰勒			
翁格尔			

网球比赛

在一次网球比赛中，有三男三女是邻居。他们中有3人是天景俱乐部的成员，3人是山村俱乐部的成员。有一人进入了男子单打比赛，一人进入了女子单打比赛，一人进入了男子双打比赛，一人进入了女子双打比赛，还有两人进入了混合双打比赛。

1. 山村俱乐部的球员中，有2位女士。

2. 狄克森女士（她不叫克莱尔）和加德纳女士分别为不同的俱乐部参加双打比赛。

3. 唐纳德是他那个俱乐部里的最佳球员。

4. 杰克·恩斯特和菲尔（他不姓法莱尔），为各自所在的俱乐部参加双打。

5. 安妮·艾尔文准备捍卫她去年比赛中获得的冠军。

6. 克莱尔在双打比赛中要指望哈特兰女士，因为哈特兰女士的经验丰富。

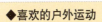

猜一猜这6名球员，他们每个人的姓名是什么（其中一人名露丝），他们都参加了什么比赛项目，各属于哪个俱乐部？

	姓	比赛项目	俱乐部
安妮			
克莱尔			
康纳德			
杰克			
菲尔			
露丝			

诺海星人的身体特征

有几个人到诺海星访问，由一名诺海星当地的翻译陪同。这位翻译尽力向来访者描述诺海星人身体上的特点。

下面列出了翻译对5个诺海星人的描述：

1.身高为3.25米的那个人，年龄不像身高为3米的那个人那么老，也没有那个橙色头发的人那样高。

2.D（年龄不是280岁）不是红头发的。

3.A没有D或者那个黑头发的诺海星人那么老，也没有C那么年轻。

4.银色头发的人没有黑色头发的人或者身高3.5米的人那么老，而身高3.5米的人也不像红头发的人那么年轻。

5.身高3.75米的人没有银色头发的人那么老，而银色头发的人没有4米高的人那么年轻。

6.C没有E那么老，而E没有3.5米高的人那么老。

7.金色头发的人不比黑色头发的人老，也不比他矮。

8.E不像金色头发的人或者240岁的人那么矮，也不像橙色头发的人那么高。

根据这些描述，猜一猜每个诺海星人的身高、年龄（年龄分别为200岁、220岁、240岁、260岁和280岁）和头发的颜色。

	身高（米）					年龄（岁）	
	3	3.25	3.5	3.75	4	200	220
A							
B							
C							
D							
E							

	年龄（岁）			发色				
	240	260	280	黑	金	橙	红	银
A								
B								
C								
D								
E								

谁偷了吉祥物

两支半职业橄榄球队是赛场上的劲敌。雄狮队的一个队员在大赛的前夕偷了对手山羊队的吉祥物，直到比赛结束的那一天也没有送回来。现在有4个嫌疑人：四分卫、中锋、流动后卫、底线后卫。每个人都做了两次陈述。

四分卫和中锋的陈述都是假的，流动后卫的陈述有一次是真的，一次是假的，底线后卫的两次陈述都是真实的。

A：1.我不是流动后卫。
　　2.中锋偷的。

B：1.我不是四分卫。
　　2.流动后卫干的。

C：1.我不是中锋。
　　2.底线后卫干的。

D：1.我不是底线后卫。
　　2.四分卫干的。

根据上面的陈述，猜一猜哪一个陈述是哪一个嫌疑人的。山羊队的吉祥物是谁偷的？

答案

◆喜欢的户外运动

艾尔和哈莉·纳德	钓鱼
鲍布和格尔·雷尼	打网球
康德和伊玛·科尔	打曲棍球
道格和弗兰·欧文	划船
埃德和乔斯·马克	打高尔夫球

◆邻居的房子

奎格利	街的北边	灰色
罗德尼	街的北边	白色
史密斯	街的南边	绿色
泰勒	街的北边	蓝色
翁格尔	街的南边	白色

◆网球比赛

安妮·艾尔文	女单	山村俱乐部
克莱尔·加德纳	混双	天景俱乐部
唐纳德·法莱尔	男单	山村俱乐部
杰克·恩斯特	男双	天景俱乐部
菲尔·哈特兰	混双	天景俱乐部
露丝·狄克森	女双	山村俱乐部

◆诺海星人的身体特征

A3.25米	240岁	银发
B3米	280岁	黑发
C4米	200岁	橙发
D3.5米	260岁	金发
E3.75米	220岁	红发

◆谁偷了吉祥物

A是底线后卫。
B是四分卫。
C是中锋。
D是流动后卫。
山羊队的吉祥物是中锋偷的。

杰克的积蓄

杰克在一艘货轮上当水手。每次出航，船长都会给水手一些出海补贴，但他发钱的方法却很古怪，他按货轮进港日期数字发钱，例如船在本月8日进港，他就发8英镑。杰克领钱后分文不花，统统积蓄起来。他记得，这个月里货轮到过5处码头，每周一处。首次进港恰好是周六，他领到4英镑。以后的四次，一次星期三，两次是星期四，还有一次是星期五，但这4次的先后顺序却记不清了。

请你猜一猜杰克这个月究竟积蓄了多少钱。

错在哪里

一部词典共4册，从左到右按一、二、三、四顺序排列摆在书架上，每册内页的总厚度为4厘米，封面和封底各厚 $\frac{1}{3}$ 厘米。有一只蛀虫，从第一卷的第一页咬起，一直咬到第四卷的最后一页，请你算一下，这只蛀虫一共咬了多少厘米？如果你计算的结果是18厘米，那就错了。实际上它只咬了10厘米。

你能找出你的答案与实际不符的原因吗？

的右边，草莓又在香蕉的右边，在树莓和芒果的左边，芒果在柠檬的右边。

油桃在葡萄的左边，葡萄在树莓的右边，树莓在草莓的右边。番木瓜在番石榴的左边，番石榴在枇杷的右边。枇杷在樱桃的右边，在柿子的左边，柿子在杏子的左边。

你能根据上面的信息，把各种水果排成合适的顺序吗？

水果的顺序

在一个集市的水果摊上，有人把20种水果并排放成了两排。下列各句中的"在左边""在右边"指的是在同一行，"在前面""在后面"指的是在另一行的相对位置。

葡萄在柠檬和芒果的右边，芒果在油桃的左边，油桃的后面是番木瓜。樱桃在草莓的后面，在李子的右边，在柿子的左边。柿子在枇杷的右边，枇杷在杏子的左边。橘子在梨的右边，在李子的左边，李子在桃的右边，桃在樱桃的左边，在橘子的右边。

酸橙在梨的前面，在西瓜和香蕉的左边，香蕉在黑莓的左边，黑莓在西瓜的右边，西瓜在草莓和香蕉的左边。树莓在柠檬的左边，柠檬在黑莓和草莓

多才多艺的姐妹

一位加拿大外交官的4个女儿艾伦、雷妮、谢莉、特莱莎，都是音乐家，每个人演奏一种不同的乐器（这4种乐器分别是单簧管、笛子、钢琴和小提琴），每个人都讲一种不同的语言（法语、德语、西班牙语、意大利语）。

1.演奏单簧管的女儿不讲法语或德语。

2.讲西班牙语的女儿特别喜欢她的乐器，因为她不必把它带去上音乐课。

3.谢莉不讲德语或西班牙语，她也不演奏单簧管。

4.艾伦不是那个讲德语的女儿。

5.特莱莎不吹笛子、不演奏单簧管，艾伦也不演奏单簧管。

根据上面的信息，你能猜出4个人分别演奏哪一种乐器、讲什么语言吗？

	乐器	语言
艾伦		
雷妮		
谢莉		
特莱莎		

谁偷了上等牛排

某公司老板有一个巨大的商用冷库，里面装满了上等牛排。一天夜里，一个小偷打开了冷库的大门，偷走了整整一卡车的牛排。

3名嫌疑人被传讯。每个嫌疑人都是人所共知的惯偷，而且都能找到整整一车牛排的买主。他们的陈述如下（其中，每个嫌疑人都做了两次真实的、两次虚假的陈述）：

A：1.对窃贼来说，哪一天都是好日子。

2.我找不到一车牛排的买主。

3.我是用我的摩托车拉走的。

4.我看见是C偷的。

B：1.我不会开卡车。

2.我说的并不全是真的。

让我看看都有些什么。

3.我是清白的。

4.A说的全是真的。

C：1.我说的全是假的。

2.我会开卡车。

3.我们全是清白的。

4.A有销赃的买主。

你能判断出谁是小偷吗？

到底是谁偷的？

第七单元 NO.7

口 训练超强的推理能力

推理是指由一个或几个已知的判断（前提）推出新判断（结论）的过程。进行本单元的训练时，要注意尽可能地运用已知条件。有些题看起来很难，其实只要充分发挥你的推理能力，问题便会迎刃而解。

需要跑多快

小路从A城跑到B城的平均时速为30千米，准备由B城返回A城时他说："一定要使往返的平均速度提高到时速60千米。"

请问，小路返回时平均时速需多少才能达到预想结果？

两家商店

某城镇有A、B两家商店，他们都以批发价7000元进了相同的货。A店进了该货10个，每个零售价9000元，B店也进了10个，但每个零售价1万元，除此之外，两店其他条件均一致。那么顾客当然要先在价格便宜的A店买，只有当A店的该货全部卖光后，才会到B店去买。某一天，来了16个客人都买此货，假定两店价格都不变动，且这16个人每人只能买1个。

请问，在这一天中，B店如何做，才能比A店赚得多？

现在是几点

有一座钟，1点响1次，2点响2次……12点响12次。在伸手不见五指的黑房子里，小迪一觉醒来，即听到了钟声，不过他可能是在钟响了几声后才听到的，所以不知现在是几点。过了约1个小时，钟又响了，这次小迪从一开始就数了响声数，刚好12次。钟响一声时长为1秒，每声间隔4秒，能够确认钟声次数就算钟响结束。

现在，小迪为了确认是否为12点，从他醒来到听完第二次钟声，最多需要多长时间？

买票

我打算买一张地铁票，于是给在窗口卖票的小姐递了5元钱，她问我是不是买联票（有两种票：一种为5元的联票，另一种为3元的普通票），可是我后面的人同样拿了5元钱买票，卖票小姐却什么也没有问，给了那人一张联票。

请问，这是为什么？

信封内的当天早报

一天早晨，王强收到一封让他大吃一惊的信。信封上的邮戳是两天前的，信口封得很严实，可是信内装的却是这天早上的报纸。如果不是乘坐时空飞船到未来世界，这样的事情根本不可能发生。但是经过一番思考，他解开了这个谜。

你知道这个谜的谜底是什么吗？

✏ 猫和鸽子

赵、钱、孙、李和陈5个单身老头是养鸽迷，每人都有一只心爱的鸽子。另有5个单身老太太是养猫迷，每人都有一只宠猫。猫对鸽子是较大的威胁。后来，这5对老人分别结了婚，这给了老头们控制老伴的猫以保护自己的鸽子的机会。然而，结果是，他们之中虽然每对老夫妻自己的猫和鸽子之间相安无事，但最终还是每只猫都吃掉了一只鸽子，每位老头都失去了自己心爱的鸽子。

事实上，赵夫人的猫吃了某位老先生的鸽子，而这位老先生正是和吃了陈老先生的鸽子的猫的主人结了婚。赵老先生的鸽子是被钱夫人的猫吃掉的。李老先生的鸽子是被某位老太太的猫吃掉的，而这位老太太正是和被孙夫人的猫所吃掉的鸽子的主人结了婚。

李夫人的猫吃了谁家的鸽子？

答案

◆ 需要跑多快

求往返的平均速度，也是求平均数，若用$(V_去 + V_返) \div 2 = V_{平均}$，即$(30 + V_返) \div 2 = 60$，得出$V_返 = 90$，便认为返回速度为90千米/小时，这样你就会得出一个错误的答案。因为求往返平均速度的准确意义为：总路程÷总时间＝往返平均速度。此题中的"总路程"应为"两座城市距离的2倍"，"总时间"应为"往返时间之和"，代入相关量，整理可知：$V_返 = (V_{平均} \times V_去) \div (2V_去 - V_{平均})$，只有当$2V_去 > V_{平均}$时，此题才有解。然而，本题所给的条件正是$2V_去 = V_{平均}$，所以才无解。另外，从上述关系式可以看出，求往返的平均速度，其实与城市的距离多远没有关系。求平均速度时都要这样想。

◆ 两家商店

可以做到。B店老板先从A店买走3个货，然后这16个人再去买。

◆ 现在是几点

1小时50秒。稍微动动脑筋就知道了，从11点的第一声响开始数似乎最费时了，但此时，听了11声，小迪就以为现在是11点或12点，到下个点，如果钟响一下，就停了，则说明刚刚听到的就是1点。如果听到第二声响，那现在响的就是12点。小迪从11点的第二声开始听到钟声时，只听到10次，他不知道是10点、11点，还是12点。故在下个点开始响时，他不听完12次就无法确认现在是几点。小迪从11点的第三声开始听到钟声时，他必须听完下个点的钟声，此时当然比从第二声开始听花的时间少。由上可知，从第二声开始计算，最多需1小时50秒。

◆ 买票

地铁票分为5元的联票和3元的普通票两种，我拿的是一张5元的纸币，因而会被问买哪种票。后面那个人虽然也拿了5元，但不同的是，他手里拿着一张1元和两张2元的纸币，不用问肯定是买联票。如果他要买普通票的话，就不必再拿另一张2元的纸币了。

◆ 信封内的当天早报

寄信人先用铅笔在信封上的收信人处轻轻写上自己的姓名、地址，然后放进一些纸张寄出去。第二天信就被寄回来。他再把铅笔写的字擦掉，用钢笔写上王强的姓名。到第三天他把晨报放进信里封好后，拿到王强家，投进他家的信箱。这是推理小说中惯用的手法之一。

◆ 猫和鸽子

李夫人的猫吃了钱先生的鸽子。

首先，我们分析赵夫人的猫吃了谁的鸽子。

赵夫人的猫吃的不是赵先生的鸽子。赵夫人的猫吃的也不是钱先生的鸽子，否则钱夫人的猫吃的就是陈先生的鸽子。事实上，钱夫人的猫吃的是赵先生的鸽子。赵夫人的猫吃的也不是陈先生的鸽子，否则陈先生的夫人就会是赵夫人。赵夫人的猫吃的也不是李先生的鸽子，否则赵先生的鸽子就会是被孙夫人的猫吃掉的，但事实上赵先生的鸽子是被钱夫人的猫吃掉的。因此，赵夫人的猫吃了孙先生的鸽子。这样，李夫人的猫吃的或是陈先生的或是钱先生的鸽子。李夫人的猫吃的不是陈先生的鸽子，否则李夫人的丈夫就会是孙先生。所以李夫人的猫吃的是钱先生的鸽子。

买杏

有一个老头在卖杏子，价钱是每个杏子3角钱，但3个杏核可以换1个杏子。有几个小孩，他们身上总共只有3块钱，但是却通过和老头的交易吃到了15个杏子。

请问，他们是如何做到这一点的？

一对姐妹

有一对貌美的姐妹。姐姐在上午说真话，下午说假话。妹妹正好相反，上午说假话，下午才说真话。有人问姐妹俩："你们两个谁是姐姐呀？"于是胖一点的回答道："我是。"瘦一点的也回答"我是"。当再问道"现在几点钟"时，胖一点的回答"快到中午了"，瘦一点的则回答"已经过了中午"。

请问，现在是上午还是下午，哪一个是姐姐呢？

小岛方言

一个晴朗的日子，一条船由于缺乏饮用水，在一个岛上靠了岸。这个岛上的人一部分总是说真话，另一部分总是说假话。可是，从表面上却无法将他们区分开来。他们虽然听得懂汉语，却只会说本岛方言。船员们登陆后发现一眼泉水，可是，不知这里的水能不能喝。这时，恰巧碰到一个当地人，便问道："今天天气好吗？"当地人答道："梅拉塔——迪。"再问："这里的水能喝吗？"当地人答道："梅拉塔——迪。"已知"梅拉塔——迪"这句话是岛上方言的"是"或"不是"中的一个。

你认为这里的水能不能喝？

奇怪的钟

小威家的钟坏了，爸爸请来一位朋友修理。修完后过了12小时，爸爸确认这个时钟已完全修好。之后，又过了3小时，爸爸发现时钟只走了15分钟，但又并不是时钟停了。

你知道到底是怎么回事吗？

废挂历

在某个印刷厂的后院里，扔了一大堆明年的挂历。保安人员随意看了一眼便说道："原来是废品。"废挂历按下图所示的样子捆绑着，保安既没有碰，也没有一一去翻。

你知道为什么保安能断定是废品吗？

间谍工作

有3个间谍，他们接受了在从A到G这7个房间从事秘密工作的任务。假设每个间谍从进入房间开始工作到结束需要3分钟，并且，一个房间不得同时进入2个以上的间谍。

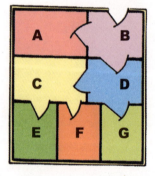

那么，完成7个房间的秘密工作最短需要几分钟？

购物

A、B、C和D四个朋友到某商厦购物。他们分别买了一块表、一本书、一双鞋和一架照相机。这四样商品分别在一至四层购买，当然，上述四样商品的排列顺序不一定就是它们所在的楼层的排列顺序，也不一定等同于他们的买主被提及的顺序。已知A去了一层。表在四层出售。C在二层购物。B买了一本书。A没有买照相机。

你能根据线索确定谁在哪一层购买了哪样商品吗？

✏️ 算年龄

今天是我13岁的生日。在我的生日聚会上，包括我在内共有12个小孩。每4个小孩同属一个家庭，12个人分别来自A、B、C这3个不同的家庭，当然也包括我所在的家庭。有意思的是，这12个小孩的年龄都不相同，但都不到13岁。换句话说，在1至13这13个数字中，除了某个数字外，其余的数字都表示某个孩子的年龄。我把每个家庭的孩子的年龄加起来，结果如下：

家庭A：年龄总数41，包括一个12岁。
家庭B：年龄总数22，包括一个5岁。
家庭C：年龄总数21，包括一个4岁。

只有家庭A中有两个孩子只相差1岁，求这12个孩子的年龄。

答 案

◆买杏

由于每个杏卖3角钱，杏核每个卖1角钱，故每个杏肉只值2角钱，故而3块钱能吃15个杏。双方都不亏。

◆一对姐妹

是上午。胖一点的是姐姐，瘦一点的是妹妹。

假定现在是下午，而姐姐下午说假话，那么姐姐(还不知道是哪一个)，应该回答"我不是"才对，但回答却恰好相反，因而可以断定是上午。得出这个结论后就可判断说真话的是姐姐——即长得胖一点的。像这样的问题只要明确推论形式，构造假设就行了。突破口一旦找到了，问题就能轻而易举地解决了。

◆小岛方言

能喝。这天是晴天，这个当地人如果是说真话的，那么关于"好天气"的回答为"是"，"梅拉塔——迪"就是"是"的意思了，则"能喝吗?"的回答为"是"。

如果说的是假话，问天气时回答的"梅拉塔——迪"就是"不好"的意思。那么，"能喝吗?"回答的是"不能"，因为他说的是假话，所以水池的水是能喝的。

结论是这个当地人不管是说真话的人还是说假话的人，水都是能喝的。

◆奇怪的钟

这是修钟的人的失误。修理时，他把分针和时针弄颠倒了。

◆废挂历

挂历每月的日期一般分为5行书写，如果5行放不下，则把多出来的日期挤放在第1行。但如图所示，把29日和22日如此放在一起是绝对不可能的。所以能断定挂历是废品。

◆间谍工作

7分钟。将一个房间的工作量分摊在3个间谍身上就可以做到。

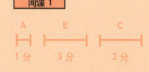

◆购物

A在一层买了一双鞋。
B在三层买了一本书。
C在二层买了一架照相机。
D在四层买了一块表。

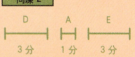

◆算年龄

首先，确定哪个数字不表示孩子的年龄。1至13这13个数字之和是91，而3个家庭所有孩子的年龄之和是84，因此，不表示孩子年龄的数字是7。家庭A的4个孩子的年龄只能是以下两种情况之一："12，6，10，13"或者"12，8，10，11"。家庭C的4个孩子的年龄只能是以下四种情况之一："4，1，3，13"或者"4，1，6，10"或者"4，2，6，9"或者"4，3，6，8"。这样，家庭A中孩子的年龄不可能是"12，6，10，13"，否则，家庭C中孩子年龄的四种可能情况没有一种能够成立。因此，家庭A中孩子的年龄必定是"12，8，10，11"。那么家庭C中孩子的年龄只能是"4，1，3，13"或者"4，2，6，9"。由此不难得出结论：家庭C中孩子的年龄必定是"4，2，6，9"；家庭B中孩子的年龄必定是"5，1，3，13"。

第八单元 NO.8

☐ 脑力想象激荡秀

人们的思维方式一般以正向思维为主，但有时采取逆向思维方式也会获得新想法、新创意。许多重大的科学发明都是逆向思维的结果，比如牛顿看见苹果落地，因为他善于逆向思维，经过研究发现了万有引力定律。朋友们，当你面临难题而正向思考难以突破时，不妨试试改变因果关系的顺序去思考，这往往会令你豁然开朗，获得与众不同的新发现。

脑袋与帽子

丹麦著名童话作家安徒生，有一次戴着一顶破旧的帽子在街上行走。一个常不怀好意且爱讽刺别人的青年男子，见到安徒生后嘲笑他说："先生，你脑袋上面的那个玩意儿是什么？它能算是一顶帽子吗？"

安徒生回答道："先生，你帽子下面的那个玩意儿是什么？它能算是一个脑袋吗？"

安徒生的回答用意是什么？

变胖的佛像

我国东晋末年，刘裕代晋称帝，国号宋，史称刘宋，这是南朝（宋、齐、梁、陈）的开始。刘裕的儿子刘义符，为了向称帝的父亲表示祝贺，召集了许多能工巧匠，制造了一尊约1.7米高的铜佛像。将佛像竖立起来以后才发现，佛像的脸显得瘦了，和身躯不相称。如何使佛像的脸变得胖一些？大家想了不少办法。但在当时那样的技术条件下，想出来的办法都行不通，刘义符急得不知如何是好。著名的雕刻家戴颙看了以后说有办法补救，但要给他3天时间。3天过后，佛像的脸果然不再显得瘦了，变得和身躯相称了。

戴颙是怎样使佛像的脸变得与身子相称的呢？

选希特勒做老公

在一次竞选香港小姐的决赛中，为了测试参赛小姐的思维速度和应对技巧，主持人提出了这样一个难题："假如你必须在肖邦和希特勒两个人中间，选择一个作为终身伴侣，你会选择哪一个呢？"

其中有一位参赛小姐是这样回答的："我会选择希特勒。如果嫁给希特勒的话，我相信我能够感化他，那么第二次世界大战就不会发生了，也不会有那么多的人家破人亡。"

这位小姐回答的精彩之处在哪儿？

和尚捞铁牛

在宋朝的时候，黄河发洪水，冲垮了河中府（今山西省永济县）城外的一座浮桥，就连两岸用来拴住铁桥的每个有数万斤重的8个铁牛，也被冲到了河里。洪水退去以后，为了重建浮桥，需要将这8个大铁牛打捞上来。这在当时可是一件极为困难的事，河中府府衙为此事贴了招贤榜。

后来，一个叫怀丙的和尚揭了招贤榜。怀丙经过一番调查摸底和反复思考，指挥一帮船工将8个大铁牛全都捞上了岸。

你知道怀丙是怎样将铁牛捞上岸的吗？

俾斯麦的回答

19世纪曾任普鲁士王国和德意志帝国的首相，在欧洲历史上以推行"铁血政策"著称的奥托·冯·俾斯麦，有一次作为外交使节在彼得堡参加舞会。他多次赞美身边的一位舞伴，说她美如天仙、艳丽绝伦。这位女士一点也不相信他的赞美之辞，并且对他说："外交官说的话都是不可信的。"

俾斯麦问她为什么这么说。这位女士答道："原因很简单。当外交官说'是'的时候，意思是'可能'。说'可能'的时候，意思是'不行'。要是说'不行'，那么他就不是外交官了。"

俾斯麦听了这位女士的话，接着说道："夫人，你说得有道理，这可能是我们做外交官的人说话的职业特点，因为我们不得不这样。而你们女人同外交官正好相反。"

这位夫人听了迷惑不解，问俾斯麦为什么这么说。俾斯麦回答道："原因也很简单。当女人说'不行'时，意思是'可能'。说'可能'的时候，意思是'是'。要是说'是'，那么她就不是女人了。"

俾斯麦为什么要对他身边的舞伴说，女人说话同外交官说话正好相反？

5分与1角

美国第九届总统威廉·哈利逊出生在一个小镇上，自幼家境贫寒。他小时候性格文静内向，腼腆害羞。镇上的人喜欢作弄他，常常故意把一枚1角和一枚5分的硬币同时扔在他面前，要他从这两枚硬币中拣一枚。威廉总是拣那个5分的，每拣一次都会引起人们的哄笑。镇上的很多人都认为他是一个小傻瓜，傻到了连1角和5分哪个面值更大都分不清的程度。

小威廉真是这么傻吗？他为什么会这样做？

答案

◆脑袋与帽子

安徒生运用逆向思维的回答，其用意是要教训那个无礼的青年：你要使自己有一个明理、懂礼、与人为善的脑袋。

◆变胖的佛像

戴颙采取了"倒过来想"的思路：不加宽佛像的脸，而削窄佛像的肩。因为佛像的脸看起来是显得胖还是瘦，这与佛像的肩的宽窄相关。肩宽脸就显得瘦，肩窄脸就显得胖。加宽脸与削窄肩，两种做法方向相反（一个加宽、一个变窄），可是二者殊途同归，都可以达到同一效果。把佛像的肩削窄，比把佛像的脸加宽容易多了。

◆选希特勒做老公

这位小姐巧妙的回答赢得了人们的掌声。因为这个问题难度较大。如果回答"选择肖邦"，则答案没有特色，显得俗气。如果回答"选择希特勒"，则很难给予合理的解释。那位小姐回答的精彩之处就在于既选择了出人意料的答案，又能找出合理而又充满正义的理由。

◆和尚捞铁牛

怀丙的办法是指挥一帮船工，将两条大船装满泥沙，并排地靠在一起，同时在两条船之间搭了一个连接架。将船划到铁牛沉没的地方后，他叫人潜入水中，把拴在木架上的绳索的另一端牢牢地绑在铁牛上。然后船上的船工们一面在木架上收紧绳索，一面将船里装的泥沙一铲一铲地抛入河中。随着船里泥沙的不断减少，船身一点一点地向上浮起。当船的浮力超过船身和铁牛的重量时，陷在泥沙中的铁牛便逐渐浮了起来。

◆俾斯麦的回答

俾斯麦之所以要对他身边的舞伴说，女人说话同外交官说话正好相反，这是因为，俾斯麦要针锋相对地"回敬"那位女士对外交官谈话所做的评论。他思考这个问题时运用了逆向思维的方法。

◆5分与1角

小威廉不仅不傻，而且有超乎常人的聪明。有一次，一位老奶奶对他说："威廉，你怎么会不知道1角比5分更值钱呢？"威廉回答说："当然知道。但我要是拣了那个1角的，他们就没兴趣再扔钱给我了。"

转几圈

如右图所示，两枚同面值的硬币紧贴在一起。硬币B固定不动，硬币A的边缘紧贴B并围绕着B旋转。充分运用你头脑中那双眼睛，即充分运用你的视觉想象力，想象一下，当A围绕着B旋转一周回到原来的位置时，它会围绕着自己的中心旋转几个360°呢？几乎可以肯定，你想当然认为的正确答案其实是错的。

那么，你还能推算出正确的答案吗？

什么？我的答案是错的？

8根铁丝

这里有8根铁丝，其中有4根的长度分别为另外4根的一半。不许弯曲，用这8根铁丝做3个同样大小的正方形。

你知道应该怎么做吗？

让我想一想……

a b c d e f g h

最大的三角形

陈科去学校的美术活动室，看到6×6米的墙壁上画了一个底边长为6米、高也是6米的三角形。这个活动室呈正方体状，其他的墙壁、地面、天井也都与画三角形的墙面一样大。于是陈科说："这个三角形应该是这个活动室中使用直线画出的最大的三角形。"

你认为他说得对吗？

紧急联络网

一个课外活动小组有一位老师和15位成员，他们想建一个紧急联络网。假设打一次电话需1分钟的话，用右图所示办法，从开始电话通知第一个人到通知最后一个人共需7分钟。

请问有没有比这更快一点的联络网？

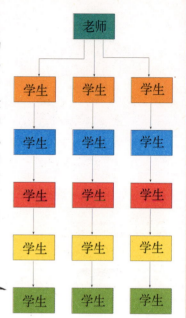

与气温成反比的东西

在我们的身边，因为四季的变化，有的东西会随着气温的下降而增多，随着气温的升高而减少，而且，以非常严密的数值与温度相对应。

这到底是什么东西呢？

一笔画九点

图中有9个点，你能用4条直线一笔将它们连起来吗？

好像不难嘛。

✏ 一笔画正反

有一条纸带，如果想一笔在其正反两面上都画一条线，应该怎么画？

答 案

◆转几圈

由于两枚硬币的圆周是一样的，因此，你可能认为硬币A在紧贴硬币B"公转"一周的整个过程中，仅围绕自己的中心"自转"一周，即一个360°，但当你实际操作时，你就会惊奇地发现，硬币A实际上"自转"了两周，即两个360°。

◆8根铁丝

平时我们见惯了垂直和水平线，不论是建筑物、房间，还是窗户，都是由这两种直线组成。所以，一说正方形，多数人马上想到纵线和横线。在解本题时，一开始所有的人恐怕都会把铁丝纵横式地排列起来。但我们应该在这个基础上有所突破，充分发挥想象力，让我们的思想从水平、垂直状态中解放出来，向斜线甚至更为复杂的交错图形上考虑，实现思维跨越。

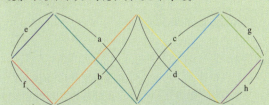

◆最大的三角形

不对。像右图那样画可画出一个更大的三角形。解此题的关键是，有些平面的东西，也需要从立体的角度来考虑。

◆紧急联络网

有。如下面右图所示，仅用4分钟就可以通知所有人(图中数字为从开始通知到收到通知的时间)。做此题时，将假设的东西花点时间证实一下，这也是想象力的基础。

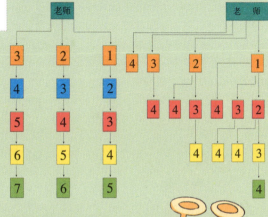

◆与气温成反比的东西

温度计的空白部分。事物总有表和里，当你为一个问题发愁的时候，这种逆向思维法可以帮助你。

◆一笔画九点

当看到这9个点时，如果你只想到正方形，就很难解开这个谜。因为你自己给自己套上了四边形的紧箍咒。换个角度再仔细想想，也许你会觉得豁然开朗。题目的限制条件仅仅是"用4条直线"，所以它已经大大超出正方形的范围，向无限的可能延伸。正确答案如下图所示。

◆一笔画正反

将纸带反扭一圈结成环就能一笔画成。这是一道拓扑几何学领域的问题。只要把纸扭一圈，就会出现一个新新的世界。

牛棚前的木桩

这是乘直升机在美国某个大牧场上空飞行时的事情。从上往下可以看到同样长度的10根木桩和牛棚的窗户整整齐齐地排成一条直线（如右图）。见此情景，有人说："牛从牛棚的小窗户只能看到重叠的10根木桩中的一根。"其他人也都认为如此。可是向小牛棚的主人一打听，回答是从那个小窗能看到两根木桩。另外，木桩长度与窗户的高度一样，都是1.5米。

如何解释这个问题呢？

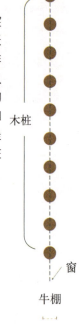

木桩

窗

牛棚

等分角

用一把无刻度的尺子将下边的∠ABC三等分，怎么分？

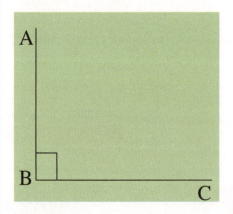

A

B

C

妙答

父亲对儿子说："这里有1000元钱，如果你说中了我正在想什么，这1000元就归你。"儿子非常想把这1000元弄到手。于是，想来想去，想出一个绝妙的回答。父亲听后只好点头称"是"，不得不把那1000元给了儿子。

你知道他是怎么回答的吗？

拼板得土地

一个国家的国王对他手下的一名大臣说："把这4块板拼在一起，以缩进1：10000计算，拼好后，我就把一块与黑线内侧相同形状、相同面积的土地赐予你，但不能切断黑线。""怎么拼得到的土地都是一样的。"大臣这样认为，而且他还做了如下图形给国王看。

你认为他做得对吗？

两双破袜子

一个吝啬鬼为了不让人看见平时穿的破了洞的烂袜子，总是两双两双地叠在一起穿。这里有两双烂袜子，其中3只破洞的地方完全一样，都是在袜子的右前处。

他怎么穿别人才会看不见呢？

答案里的记号

小培上九年级了，他从升入高中的表哥那儿得到了一本标准试题集，可试题集的1～5个选择答案里总有一个被表哥用铅笔画了"0"号，虽然小培自己也做得出来，但总觉得看了人家写的不舒服，用橡皮擦，又费事又擦不干净。

你有什么好办法吗？

✏ 求对角线长

有一块砖，大小如下图，用什么办法可以知道砖内部的斜对角线XY的长呢？

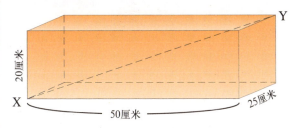

✏ 散步问题

父子两人带狗出去散步。儿子牵着狗先走，10秒钟后父亲才出发。父亲刚出门口，狗便一溜烟地向父亲跑来，还未等站稳就又掉头朝儿子奔去。就这样，狗在父子之间来回撒欢。假设狗的速度是每秒5米，父亲是每秒2米，儿子是每秒1米。

那么，在父亲追上儿子之前，狗要跑多长的距离呢？

答案

◆ 牛棚前的木桩

排成一条直线，是从空中往下看时的情景，从平地上看，可做出如下图的考虑。当然，我们不清楚能看到的另一根木桩是10根中的哪一根，下图只是做了假设。但是，不管怎样，如图10根中有9根重叠，看上去形同一根，同时也能看到位于高地上的另一根，一共能看到两根。人类生活在三维空间，并相信对三维空间已了如指掌。但人类在垂直位置关系方面的认知能力极其弱小。本问题就是指出了把平常不习惯的空中景色完全平面化而发生的差错。

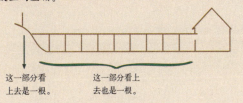

这一部分看上去是一根。　这一部分看上去也是一根。

◆ 等分角

把外角3等分即可。解此题时应想到角分为内角和外角。

◆ 妙答

回答是："爸爸，这1000元你是不打算给我的吧？"为什么呢？假如这句话说中了，父亲就得履行"说中了这1000元归你"的诺言。如果没有说对，那就是"父亲打算给我1000元"，这样便可得到1000元。无论怎样都可得到1000元。

◆ 拼板得土地

不对。做成右图，可得到更大面积的土地。看了别人定好的形状，自己就再也想不出其他的形状了，我们不能做这样懒于思考的人。

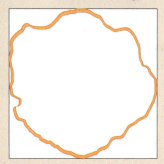

◆ 两双破袜子

把三只破的地方完全一样的袜子中的一只翻过来穿即可。

◆ 答案里的记号

事先用铅笔将所有选择答案都画上"0"。有许多问题，反过来想，很快就可找到解决问题的答案。

◆ 求对角线长

如下图，从Y点垂直地立一根20厘米长的棒，量出AB两点的长即可(ABYX是平行四边形，所以AB与XY相等)。

这是一个打破思想框框的问题。其实，用尺子量一下很快就能得出答案。如果用毕达哥拉斯定理，问题会变得相当复杂。

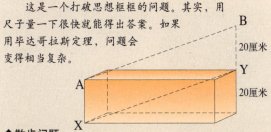

◆ 散步问题

50米。如果按狗来回奔跑的距离计算，只会使问题复杂化。表面看像是距离问题，如果把它换成时间来考虑就简单多了。在父亲追上儿子之前，狗始终按一定的速度跑。父亲和儿子相隔10米，并以每秒1米的速度逐步缩小距离，故追上只需10秒。狗的速度是每秒5米，所以，当然要跑50米。

第九单元 NO.9

□ 开发创意脑

　　创新能力是人的能力中最重要、最宝贵、层次最高的一种综合能力。它包括许多方面的因素，其核心是创新思维能力。创新思维能力表现为突破现行思维定式和习惯的限制，要别出心裁地想，以标新立异的方式去做。本单元的题目是为锻炼大家的创新思维能力而设计的。在解题过程中，希望大家能够独立思考，开发自己的创意脑，而不要急于翻看答案。知道题目的答案不应该是目的，真正对你有益的是思考的过程。

"Book"的变化

　　"Book"在英语中是"书"的意思。

　　你知道拿掉哪四根火柴可以使它变成另外的英文单词吗？

找定语

　　你能给以下几组词分别找出共同的定语吗？

1.小路　　大树　　尺子
2.风　　　阳光　　音乐
3.树　　　头　　　山

比慢的车赛

　　一位古怪的百万富翁，愿意出50万元巨款给车赛中的最后一名。现有10个司机参加竞赛，但是他们都对富翁提出的开得最慢的车得胜的竞赛条件感到为难。"我们怎么能进行这样的比赛呢？"一名司机问道，"我们大家都开得越慢越好，那么比赛就无法结束了。"

　　你能想出好的解决方法吗？

共同之处

　　你能快速说出下列哪些东西有共同之处吗？

报纸　　汽车　　黑板　　飞机
书　　　"天"字　"大"字　铅笔
篮球　　海龟蛋

怎样划分

　　下图正方形内有11个图形。请在这个正方形内画几条直线，把它分成11个区域，而且每个区域内只有一个图形。

　　想想看，你知道应该怎样画吗？

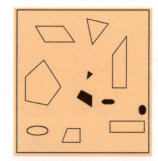

移铜板

有8枚铜板，纵方向放5枚，横方向放4枚，如下图排好。只能移动其中1枚，使纵横看上去都成了4枚。

你知道应该怎样移吗？

"加一加"的创新

铅笔和橡皮原来是分开的两件东西，后来，美国人威廉将橡皮加在铅笔一端，发明了橡皮头铅笔。我们日常的生活用品中有许多东西都是这样"加一加"而创造出来的。

你能快速列举出6种这类产品吗？

怎样回答

下面几题看似无法回答，但如果能排除思维障碍，换个角度去考虑，还是能解决的。

你能巧妙地说出答案吗？

1. 什么海无边？

2. 什么时候10+10＝10，10−10＝10？

3. 在什么地方将军和元帅地位相同？

4. 有一对双胎胞，哥哥在1988年1月1日出生，弟弟在1987年12月31日出生。你认为这种情况会出现吗？

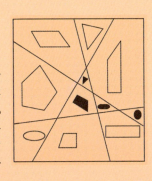

◆ "Book"的变化

变成"Look""Pool"或"Boo"。

◆找定语

1. 笔直

2. 柔和

3. 大、小……

都可以适当加上。

◆比慢的车赛

让10名司机都互相驾驶别的司机的车，因为是比谁的"车"慢，所以在比赛中，每个司机都会开着别人的车拼命冲向终点。

◆共同之处

有以下几种联系：

报纸——黑板：都是长方形。"天"字——"大"字：都包含"大"字。海龟蛋——篮球：都是圆的。飞机——汽车：都是交通工具。铅笔——书：都是学习用品。

◆怎样划分

如右图：

◆移铜板

有多种移法。如下图，将1移到2的位置与2重叠即可；或将纵排上除中心交汇点之外的任何一枚移到横排上的某一枚上重叠即可。

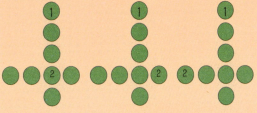

◆ "加一加"的创新

近视太阳镜、冷热空气净化器、电动自行车、智能手机、智能手表、平板电脑。

◆怎样回答

1. 苦海无边。

2. 戴手套和脱手套的时候。

3. 在象棋中。

4. 在一种特殊的地理条件下可以发生：哥哥于1988年1月1日在由西向东临近日界线时在船上出生，弟弟在过日界线以后出生，那里当时还是1987年12月31日。

木匠的奇想

一个木匠正用电锯把一个边长为3尺的立方体锯成27个1尺见方的小立方块（如图所示）。显然，他只要锯6次，就能很容易做到这一点。有一天，他突发奇想，能否把锯下的木块巧妙地叠在一起锯，而减少锯的次数呢？

你认为他能做得到吗？

巧分生日蛋糕

5个人想分一块正方形的生日蛋糕吃，其中一个人太饿了，先吃掉了$\frac{1}{4}$。他吃掉的那部分生日蛋糕的形状也是个正方形。剩下的四个人只能设法平分剩下的$\frac{3}{4}$块生日蛋糕。如下图所示。

你知道怎样把这剩下的生日蛋糕分成形状完全相同的4块吗？要求切线是直线。

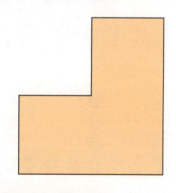

怎样带走20个鸡蛋

有一个篮球运动员。一天，他只穿了一条短裤，随身携带了一枚气针，在球场上练习投篮。有个人给了他20个鸡蛋，这个人把鸡蛋散放在球场边的地上就走了。练习结束后他发现球场边没有任何可以用来装鸡蛋的东西，也找不到可以帮忙的人，但是最后他还是巧妙地将鸡蛋带走了。

你知道他想出了什么好办法吗？

巧切糕点

桌上放着一块正方形糕点。小红切了一刀，把糕点等分为二。接着，她又切了一刀，把其中的半块糕点等分为二。这时糕点的形态如下图所示。正在这时，小青和小兰来访，小红在糕点上又切了一刀，和以前两刀一样，切口都是直线。结果，3人分享了同样多的糕点。

你知道小红最后一刀是怎么切的吗？

她会怎么切呢？

巧算比分

一场精彩的篮球赛刚刚结束，球迷们都议论纷纷：

1.选手们的体力真棒！全场比赛中，双方都没有换过人。

2.双方的球技都很高超。得分最多的1名队员独得30分，只有3名队员得分不满20分，并且他们所得的分数各不相同。

3.客队的个人技术相当均衡，得分最多的和最少的只相差3分。

4.全场比赛中只有3名队员得分相同，是22分，他们不在同一个队。

5.主队的个人得分数正好是一组等差数列，真是难得的巧合。

球迷小王因为要上班，错过了观看这次精彩球赛的机会。但他听到上述议论时，立刻高兴地喊道："太好了！主队赢了6分，真不简单！"接着，他还正确地报出了比赛结果和双方队员的个人得分数。

你能推算出这次比赛的具体结果吗？

救人

有一个年轻女子被诱拐，你必须设法以最快的速度去救她。

你能找到一条最省时的路线吗？

架桥

在一条宽100米的河两岸，分别设A、B两点，其位置如下图。现在要在河上架一座桥，使A、B两点的距离最近。河面宽是固定的，桥不许斜着架。

你知道应该怎么架吗？

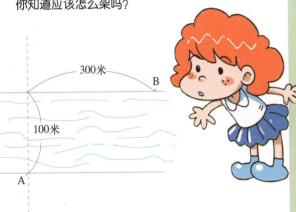

300米

B

100米

A

穿硬币

在一张纸中间，有一个1角硬币大小的洞。

如果要把5角的硬币从洞中穿过，你知道该怎么办吗？

火腿三明治

在10块面包片里夹入尽可能多的火腿肉，并且两片面包之间只能夹一片火腿肉。

你知道最多能夹多少片火腿肉吗？

答案

◆木匠的奇想

木匠的奇想实际上是不可能实现的。最终被锯成的27个小方块中，只有最中央的那个小方块有6个锯截面。由于锯一次不可能给同一个小方块留下两个或两个以上的截面，因此，中央的那个小方块一定被锯了6次，所以至少要6次才能锯成27块。

◆巧分生日蛋糕

答案如下图所示：

答案

◆怎样带走20个鸡蛋

这位篮球运动员想出的办法是：用随身携带的气针把篮球里的气放掉，并且把篮球弄成盆状，然后把鸡蛋放在里面端着回去。

◆巧切糕点

答案如下图所示：

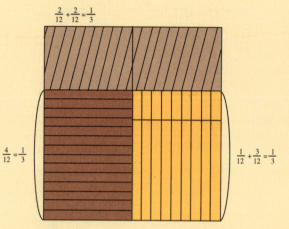

$$\frac{2}{12}+\frac{2}{12}=\frac{1}{3}$$

$$\frac{4}{12}=\frac{1}{3}$$

$$\frac{1}{12}+\frac{3}{12}=\frac{1}{3}$$

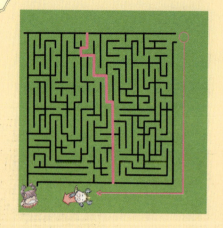

◆巧算比分

小王从球迷们的议论中分析出以下几点：

1．双方5名队员都未换人。

2．主队个人得分数是一组等差数列，说明三名得22分的队员中，只有一名在主队。

3．客队个人得分上下只差3分，已知其中有两名各得22分，可见得30分者不在客队。

4．在主队个人得分数的等差数列中，以30分为首项（从多到少的序列），22分只能是中项（如做第二项，每项差数为8，到第五项将出现负数；如做末项，则三名得20分以下者将全在客队，与条件3推算出现矛盾，如做第四项又不能成立）。由此可以推算出主队个人得分为30、26、22、18、14。

5．根据已知条件，客队个人得分有两名得22分，所以少于20分者只能是19。根据条件3、4，余下两名的得分数只能是21和20。

6．最后算出的比赛结果是：主队得110分，客队得104分，主队赢6分。

◆救人

这个问题不是走迷宫，而是找捷径。恐怕没有人一开始就想到屏障外围的路吧。当在迷宫中转得精疲力尽时，一般人会产生是否放弃努力的犹豫心理。有道是"需要就是发明的开始"，只有当常识解决不了问题的时候，才会冒出异想天开的主意。因此，请不要小看似乎不可能的问题。

◆架桥

如下图，架一座宽300米的巨桥，斜着穿过桥面，从A到B的距离最近。要知道，在这里桥宽并没有限制，设计主要取决于目的。一般的桥顶多是10米或20米宽，如果受常识所束缚，那就很难找到本题的答案。

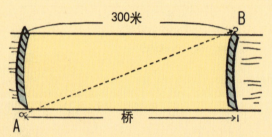

◆穿硬币

将纸对折后把洞的部分轻轻向两边拉开，使洞呈椭圆形，5角硬币便能顺利通过。

◆火腿三明治

能夹入10片。如下图那样，把10片面包围成一个圆圈，然后把火腿肉夹入10道缝隙中即可。

Part2

[第二章]

智力游戏库

　　智力开发是一个系统工程，其中包含着多方面的内容。本章以"寓教于乐"的游戏为切入点，目的是让你开开心心玩游戏、轻轻松松长知识。这里集中向大家推荐一些与学习密切相关的各种游戏：数学、图形、文字、英语游戏，能够让你在游戏中培养观察能力、计算能力和记忆力；趣味横生的谜语、脑筋急转弯和曲折离奇的侦探故事、智慧故事，会让你的推理能力及逆向思维能力在大脑的高度运转中得到大幅度提升。记住这句话：快乐学习永远是我们坚持的信念。

第一单元 NO.1

□ 数字游戏

数字时代来临啦！数字象征着理性，而理性已经成了我们这个时代最基本、最普遍的概念。在理性的社会里，我们都越来越离不开这帮不起眼的数字朋友了。哼，不就是1、2、3、4、5、6、7、8、9、0这10个小小的数字吗？接下来，聪明的你一定会把它们摆弄得服服帖帖的。走着瞧吧。

水果算术题

在这道加法题中，每一种水果都代表一个数字。那么每种水果都代表什么数字呢？

规律找数

下面每一组图形都有它自己的规律。先把规律找出来，再把空缺的数字填进去。

（三角形）2 15 3 5 ｜ 7 28 4 2 ｜ 3 ? 6 4

（圆形）2 30 7 6 ｜ 7 36 3 8 ｜ 5 ? 6 9

4个4等于多少

下面6个算术题算式左边都是4个4，请你在数字间填上加减乘除和括号等运算符号，使下列各等式成立。

4 4 4 4=12　　4 4 4 4=28
4 4 4 4=20　　4 4 4 4=48
4 4 4 4=24　　4 4 4 4=68

取棋子

有黑白棋子一堆，黑子是白子的2倍，现在从堆内每次取出黑子4个、白子3个，经过若干次后，白子都拿完了，而黑子还剩16个。

黑白棋子各有多少个？

棋子各有多少呢？

擦掉了哪个数

在算术测验时，小明计算出了下面的答案，但无意之中，其中一个数字被橡皮擦掉了。

29487×9=26□383

如果不再重新计算，请问，有没有什么快速的方法算出被擦掉的数字是多少呢？

回家的路线

玲玲、明明和路路放学后回家，若把每个人途中经过的数字加起来，则结果正好等于家的数字。

请问，他们的家各在何处？

数字元旦

将1到46这46个数字，分别填进"元旦"两字上的空格里，要求填后使每一横行和竖行上的几个数字加起来都等于120。

 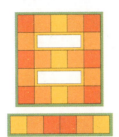

我擦掉了哪个数呢?

答案

◆水果算术题

苹果=4；香蕉=2；梨=3；葡萄=5。

◆规律找数

在三角形的那组图形中，外边三角形中的3个数相乘，再除以2，就得到中间三角形中的数字，因此，$3×4×6÷2=36$。

在圆圈的那组图形中，小圆圈中的3个数相加，再乘以2，就得到大圆圈中的数，因此，$(5+6+9)×2=40$。

◆4个4等于多少

$(4-4÷4)×4=12$

$(4+4)×4-4=28$

$(4+4÷4)×4=20$

$(4×4-4)×4=48$

$4×4+4+4=24$

$4×4×4+4=68$

◆取棋子

要想同时取完，每次取白棋子3个，就应当取黑棋子$3×2=6$(个)。现在每次只取黑棋子4个，每次少取2个，所以最后尚余16，故取的次数是$16÷2=8$次。所以，黑棋子为$4×8+16=48$(个)，白棋子为$3×8=24$(个)。

◆擦掉了哪个数

凡是9的倍数，其各位数字全部相加的总和，可以被9除尽。因此，现有各位数之和为$2+6+3+8+3=22$。而$22+5=27$，27能被9除尽，故所擦掉的数字是5。

◆回家的路线

如右图：

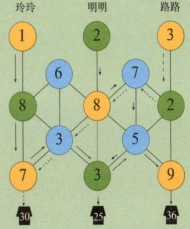

玲玲　明明　路路

30　25　36

◆数字元旦

首先，应计算出1到46这46个数字的总和，即$n=46$时，$[n×(n+1)]÷2=1081$。再计算出"元旦"横竖11行的数字和，即等于$120×11=1320$。横竖行有9个交叉处，它的数字在计算时都重复计算一次，这就增加了1到46这46个数字的总和，增加的数字的总和等于$1320-1081=239$。因此，这9个交叉处填入的数字的总和等于239。选择3，8，12，21，34，37，39，40，45这9个数字，如下图：

1	17	24	35	43
7	37	13	8	23	32
14		6
16		30
26		31
27		45	33	42

12	18	41	46	3
11			15
40	2	19	25	34
36			29
21	10	22	28	39
4	5	9	20	38	44

买文具

一天，小王到文具店买东西，营业员问他："您要买点什么东西？"小王开玩笑似的说："我买大哥说话先喝水，二哥说话先挨刀，三哥说话身装油，四哥说话雪花飘。""每样买多少？""一支半，二支半，三支半，四支半，再加八支请你算。"营业员想了一会儿，就照小王说的东西和数量包好交给他了。小王问："这么多东西一共要多少钱？"营业员笑着说："一二三，三二一，一二三四五六七，七加八，八加七，九加十分加十一，这些数，算一算，再用三十加一去相乘。"

请你猜猜看，小王买了些什么东西？每样各买了多少？一共付了多少钱？

算人口

一个小镇，去年的总人口数为1abcde。若将此数乘以3，人口数字变成abcde1人。注：a、b、c、d、e 各代表一个数字。

请你仔细算一算，这个小镇去年的人口数为多少？

猜纸牌

下图是7张写有数字的纸牌。甲、乙和丙3人各取两张。

甲说："我的纸牌上的数字合计是12。"

乙说："我的纸牌上的数字合计是10。"

丙说："我的纸牌上的数字合计是22。"

那么，剩下的一张纸牌的数字是多少呢？

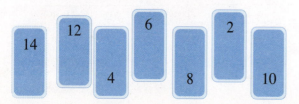

填空格

小小格子16个，一格算术符号一格数。请你填上1至8个数，使得横竖等式都成立。

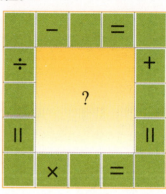

有趣的数

小王和小李玩数字游戏。小王说："我先报数，你得按规律往下报，不许瞎报。"于是小王先报："172。"小李说："没看到规律，我报不出，你再报两个。"小王又报："84，40。"小李说："行了，我报18，7。"

你知道小王下一个该报几吗？

结果可能有点儿出乎意料

魔术方阵

图中的数字，纵、横、斜向相加的和数均为15，如7+5+3，6+7+2，6+5+4等。现在要做一个和数为16的方阵，要求方阵中的9个数字也要完全不相同。请你画出这个方阵。

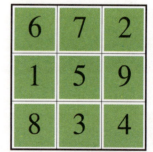

6	7	2
1	5	9
8	3	4

分书

老师把买来的一捆书分给6个班。他先给一班1本，然后再把剩下的 $\frac{1}{7}$ 分给这个班。接着给二班2本，再把剩下的 $\frac{1}{7}$ 分给这个班。给三班3本，再分给它剩下书的 $\frac{1}{7}$。最后把余下的书，平均分成3份，给四、五、六班。结果这6个班分得的书一样多。

你知道老师共买了多少书，每班可以分到多少本吗？

✏ 翻杯子

现有12只杯子，杯口均朝上放在桌上，要求每次翻动其中11只杯子，共翻动12次。

请你回答，能否把杯子全部翻成底朝上？为什么？

答案

◆买文具

小王买的是钢笔、铅笔、圆珠笔和粉笔，每样各买了20支，一共付了31元钱。

小王：1.5+2.5+3.5+4.5+8=20

营业员：1+2+3+3+2+1+1+2+3+4+5+6+7+7+8+8+7+9+10+11=100(分)

100(分)×(30+1)=31(元)

◆算人口

由1abcde能够变成abcde1，可见这个数是个循环数。个位上的"e"乘以3能够得1的，只有7这个数，因此e代表7。这样又多了一个已知数，积变成了abcd71。在1abcd7中，十位上的"d"是个什么数乘以3加上个位上进来的2，才能得7呢？只有5。依次类推，便能推算出abcde各代表什么数字。这个小镇去年的人口数为142857人。

此题也可列式算出。则1abcde写成代数式应为(100000+abcde)，设abcde为x，则代数式为(100000+x)。据题意可列出等式：3(100000+x)=(10x+1)，x=42857，即原数为142857。

◆猜纸牌

剩下的纸牌数字为12。只需把纸牌上的数字总和求出来，减去甲、乙、丙3人所取牌的数字总和，即得出剩下的一张纸牌上的数字。

14+12+4+6+8+2+10=56

56-12-10-22=12

◆填空格

8	−	7	=	1
÷				+
4				5
∥				∥
2	×	3	=	6

◆有趣的数

小王接着无法报了。因为报数的规律是按前一数的一半减2后往下报的。再报就不是整数了。

◆魔术方阵

答案如右图：

$6\frac{1}{3}$	$7\frac{1}{3}$	$2\frac{1}{3}$
$1\frac{1}{3}$	$5\frac{1}{3}$	$9\frac{1}{3}$
$8\frac{1}{3}$	$3\frac{1}{3}$	$4\frac{1}{3}$

◆分书

共36本书，每班分6本。

◆翻杯子

对于每只杯子来说，只要翻动奇数次，就能使杯底朝上，杯口朝下。现有12只杯子，每次只翻动11只，翻动12次，共翻动茶杯11×12＝132次，平均每只杯子翻11次。因为11是奇数，所以每一只杯子均能底朝上。

宝石窃贼

查理曼大帝有一面镶有32颗宝石的镜子。镜框的上下和左右各边都有12颗宝石。皇帝的一个仆人偷走了其中的4颗，但很奇怪，镜框每一边的12颗宝石一颗不少。

窃贼是怎么做到这一点的呢？

巧放白兔

某生物研究所饲养员老金，有一个奇怪的习惯，笼内白兔总数总是保持在14只至18只之间，研究人员取用后，若少于14只就立即补上，而且不让兔笼有一格空着，每边还是6只。

你知道老金是如何巧妙地安排14只、15只、17只和18只白兔的吗？（左下图是笼内有16只白兔的排列）

移棋子游戏

有一个棋盘里有9个棋眼，里面摆着8个棋子A、D、G、F、D、B、E、C，如图1。请你移动棋子，每个子只许移到邻近的空棋眼。

试一试你用多少步才能走成图2的情形？

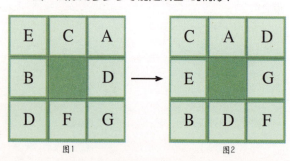

双环填数

下面用了两种填法，把1到8这8个连续数填入双环中的各个小圆圈里，使双环中每个环内小圆圈里的数相加之和都等于21。

（1）把从7到14这8个连续数填入双环里，使每一环5数相加之和都等于51。

（2）把从9到16这8个连续数填入双环里，使每一环5数相加之和都等于61。

（3）把从11到18这8个连续数填入双环里，使每一环5数相加之和都等于71。

（4）把从13到20这8个连续数填入双环里，使每一环5数相加之和都等于81。

 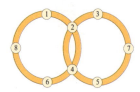

古怪的算式

写在一张纸上的算式被蛀虫咬得支离破碎，字迹看不清楚，但利用四则运算法则，通过逻辑推理，可以把原来的算式剖析出来，这就是经常为人称道的"虫食算"。它从创立到现在，已有相当长的历史了。有人把中国古代诗词中的名言佳句与虫食算结合起来，制作了一些很有特色的小品，下面就是其中之一：

年年×岁岁＝花相似

岁岁÷年年＝人÷不同

上面两个算式中的每个汉字分别代表着0、1、2、3、4、5、6、7、8、9这10个数字中的某一个。相同的汉字表示相同的数字，不同的汉字表示不同的数字。

你能求出上面两个算式吗？

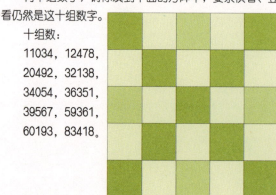

方格摆数

有十组数字，请你填到下面的方阵中，要求横看、竖看仍然是这十组数字。

十组数：

11034，12478，20492，32138，34054，36351，39567，59361，60193，83418。

和尚分馒头

我国明代《算法统宗》里有这样一道题：一百馒头一百僧，大僧三个更无争，小僧三人分一个，大小和尚各几个？意思是100个和尚分吃100个馒头，大和尚每人3个，小和尚3人分1个，问大小和尚各有多少人？

你会怎样解答这道题？

答案

◆宝石窃贼

窃贼的诡计之所以得逞，是因为镜框的每个角都同时属于两条边。所以，如果从每边中间那组宝石中拿走一颗，再取下一颗放到镜框角上，每条边的宝石总数仍然为12颗。

◆双环填数

如下图：

(1) 填7~14

(2) 填9~16

(3) 填11~18

(4) 填13~20

◆巧放白兔

安排方法如下图：

◆古怪的算式

$44 \times 22 = 968$

$22 \div 44 = 5 \div 10$

◆方格摆数

如右图：

3	6	3	5	1
2	0	4	9	2
1	1	0	3	4
3	9	5	6	7
8	3	4	1	8

◆移棋子游戏

关键是两个D子是"活子"，可以互换，否则你就麻烦了。假设中右的D为D1，左下的为D2，则可以按如下顺序走棋：D1、G、F、D2、B、E、C、D1、D2、F、G、D2、D1、A、D2、G、F、D1，一共走18步便可完成。

◆和尚分馒头

把1个大和尚和3个小和尚分为1组，则一共可分为100÷4=25组。每组有1个大和尚，则共有25个大和尚，小和尚就是75个了。

第二单元 NO.2

□ 图形游戏

让你的大脑快速地转动起来吧！当你看到本单元的图形游戏题的时候，就是你在刁钻的难题中寻找解题乐趣的时候了。在解答游戏中的问题时，你将真正感受到"柳暗花明又一村"的惊喜。

镜中的倒影

仔细观察左下图，你能判断出哪一个小气球是大气球在镜中的影像吗？你要是觉得这个问题很简单，那就不妨找找看。

神秘的黑点

简单的东西有时也能造成最不可思议的神秘现象。

凝神看看右下图，你会发现一个令人十分惊异的现象，那是什么呢？又是怎么一回事呢？

似是而非

观察下图左边这些框框与右边的有什么共同之处，又有什么不同之处？如果没有头绪，也不要轻易放弃。首先想一想你的目标。你打算从其中发现什么？也许可以把注意力放在色彩上，看看是否每个框中都有相同的颜色。然后再注意一下图形。框中各种图形的大小、数量、位置和方向可能有所不同。

现在，你是否能够判断出左边六个框与右边六个框之间存在的基本区别了？还不能？不要急，慢慢来，细细地看。开动脑筋，乐在其中。

信息填补

在左下侧的图中，你看到了什么？是不是像电脑游戏里跳出来的奇怪的图形？这是一个什么东西呢？

要敢于想象嘛。

视觉想象力

人在思考时能根据需要，在大脑中构造出某种图形或抽象概念，这就是视觉想象。人的大脑就像是长了眼睛，这些视觉想象物能移动、旋转、变化以及被分析。你的视觉想象力越强，你大脑中的这双眼睛就越敏锐，你的视觉想象物及其运动在你的大脑中就越清晰。

下面来检测一下你的视觉想象力。请看下图：一个轮子放在一个平面上，轮子边缘有一红点（如下图所示）。让轮子在平面上滚动，试画出红点随着轮子滚动时走过的轨迹。

如果把平面线换成一个圆圈，让这个轮子沿着大圆圈的内侧滚动，你还能画出红点走过的轨迹吗？

答案

◆镜中的倒影

只有仔细观察了图中每一个细节，并且在脑海里形成清晰的印象后，你才会找到答案。以下是条理清晰的解决方案：首先看哪两个蓝点是大气球在镜中的倒影。在右上角那个气球上，点是反置的，所以这个气球可以排除。再看那个白色的三角形。在左上角那个小气球上，三角形是倾斜的，也不是镜像。现在只剩下底部的两个气球了。你可以通过比较蓝线和黄线的位置来排除最后一个干扰选项。左边气球上的黄线是平的，而不是呈对角倾斜，因此右下角的气球才是顶部大气球的镜像。

◆神秘的黑点

在距离40厘米的地方仔细观察图形的中心，你能在白线相交的地方看见一个个黑点。再看得仔细一点，就会发现这些黑点其实只是错觉，凑近看会全部消失。若你迅速扫视此图，又会看到这些暗点忽隐忽现，接着竟变成舞动的黑点。这个图案就是著名的赫尔曼方格（Hermann Gird），它是感官幻觉的经典范例。这种幻觉是由色彩交错造成的。

◆似是而非

左边框中的红色图形要比黄色的大，右边框中的则不然。左边框中的图形是偶数，右边框中的则是奇数。左边框中都有两个大小相同且方向一致的蜗牛，右边框中则没有。左边框中的星星总是位于最高处，右边框中的星星则始终不在最高处。

◆信息填补

仔细看一下，图中实际表示的，只是三个截去一小部分的红色圆圈，但是，大多数人还能看到一个虚构出来的三角形，它的三个角各自占据着红色圆圈的一部分。这虽然只是个简单的例子，你却能从中感受到人类想象力的工作模式。由于图中的三角形状与人们大脑中清晰和谐的既定形状不完全吻合，大脑起初辨认不出来。因为我们不习惯这种不规则的图形，于是假设红色分区一定是个圆形，只是被什么东西遮住了一部分，再进一步研究被遮住的部分，发现它看上去像是三角形的三个角，于是大脑自动将这部分遗漏的信息补上了，我们这才看到了想象中的三角形。

◆视觉想象力

如下图所示：

图一

图二

点和线

请你做一个图形记忆游戏。先在表中找出边上有三条蓝线的黄点。这个游戏最主要的目的是测试速度，同时也测试准确性和全面性。准备好，预备，开始……

下面请你再找出左边有两条线的黄点，接着是总共只有两条线或其他组合方式的黄点，看看你记忆的速度有多快吧。

> 这一游戏是为想成为侦探的人特别设计的，因此别把它想得太容易哦。

这究竟是什么

大脑是真正的侦探大王，但凡要做出判断，哪怕是很小的细节，往往也能通过大脑来补齐一幅欠完整的图画。有时，这是在不知不觉之中进行的，但有时也需要我们开动脑筋找出其间的联系。

想一下，下图中的四件物体分别是什么？

数正方形

让我们动一点脑筋吧。把手放到背后，数一数下图中共有多少个正方形。记住，大的正方形里套着许多小的正方形呢。

> 可别学我呀。

变形物体

物体应该是什么形状或不应该是什么形状，我们的大脑都会根据以往的经验，给我们提供非常清晰的形象。但是，当现实在我们大脑中重新组合整理的时候，即使没有这些固定的思维模式，我们的感知功能也将发挥作用。如果不是这样，我们就很难辨认下图中扭曲的形象了。

你看出这三张图片中的物体了吗？

转骰子

这是一个测试空间想象力的图形游戏。仔细看一看下图上面一排的两颗骰子，注意相邻各面的颜色和图案，另外，不要忘记有些部分从某个视角是看不见的。

然后想一想，哪一个骰子在转动后会成为底下一排两颗骰子中的一颗？

产生错觉的图案

光学的错觉常使人大为惊奇。现将折了一道的纸的长边平放在桌上，如图一所示，你看最下面的折痕，会发现似乎纸是竖直放在桌上的。这种现象很奇怪吧。是眼睛出现病变了吗？不是眼睛出了问题，而是大脑有了想法。如果允许物体具备多种含义，眼睛会发射出矛盾的信号，此时大脑的想法会从一种可能跳向另一种可能。

图二的画中隐藏着某种图案，你第一眼看的时候是看不见的。现把图放到鼻尖处观察，然后慢慢挪开，直到能看见为止。注意：目光穿过图画时，要耐心等待，但别使眼睛过度疲劳，一次不行就多看几次。

现在你从图二中看出了什么吗？

图一

图二

答案

◆ **数正方形**

　　大大小小的正方形共36个。

◆ **这究竟是什么**

　　你猜出来了吗？如果没有，这里再给你一次机会，看看你能否由很小的细节推断出整体。在这里，每一幅图画中又增加了一点线索。这一下游戏是不是容易些了？

现在你知道了吧，这四个物体分别是橡皮鸭、拉链、树叶和碟形天线。

◆ **变形物体**

　　它们是瓢虫、剪刀和洒水壶。

◆ **转骰子**

　　右侧两颗骰子相同。

◆ **产生错觉的图案**

　　如下图所示，你看到的是一群海豚。

长方变正方

用4个大小相同的长方形可做成两个正方形，应怎么做？

3厘米

2厘米

L变H

这里有个由2个长L、4个短L拼成的H。现在，增加2个短L，然后请用2个长L和6个短L拼成1个相同大小的H。注意：不能重叠或直立。

你知道怎么拼吗？

大圆变小圆

在一张纸上画了一个如图所示的圆，你能够将这张纸折叠，使大圆变成一个小圆吗？

我得试试。

修改平行线

下图AB线与CD线平行，可小健说："只要加3条线，原来的两条平行线就变得不平行了。"注意：不能加在AB线和CD线上。

你知道怎么加吗？

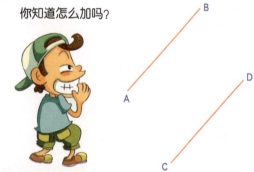

B

A

D

C

正方变六角

想用一张正方形的纸折成正六角形，怎样折才能使折叠次数最少？边可用尺子量。

巧变心形

小惠在幼儿园当老师。她用卡片给小朋友们说明各种形状，但有一个小朋友的提问难住了她："心形是什么样的？"卡片只有"○""□"和"△"形。

你有什么好办法可以帮她吗？

多了一块

　　如下图所示，A图是由64个小方块组成的正方形。在A图中按所示的线段，将全图分成4个部分。然后把这4个部分重新拼成一个长方形（B图）。奇怪的是，这个长方形显然有65个小方块。

　　你知道多出的那个小方块是怎么来的吗？

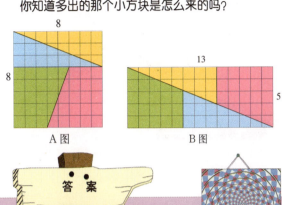

A 图　　　　　　B 图

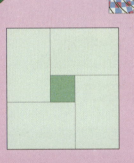

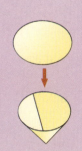

◆长方变正方

　　如右图所示。

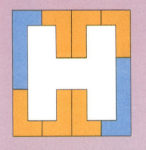

◆L变H

　　如下图所示，拼成一个与最初的H相同的H。

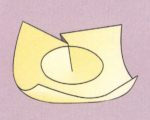

◆大圆变小圆

　　能。如下图所示。

◆修改平行线

　　如右下图，将它做成四面体的立体图就行了。

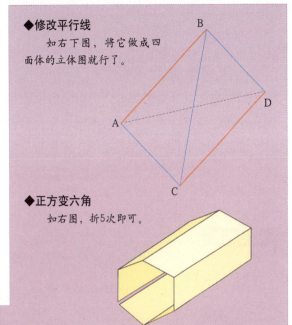

◆正方变六角

　　如右图，折5次即可。

◆巧变心形

　　将"○"形卡片对折成两半，斜看即可。

向内折

◆多了一块

　　如果你在把A图剪拼成B图时操作得非常准确、细心，那么你就会发现，如下图所示，在B图的对角线处连接得并不严密，而是留有空隙，那空隙的面积，正好等于一个小方块的面积。

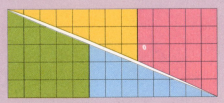

第三单元 NO.3

口 文字游戏

你的语文水平怎么样？你对自己有信心吗？要知道，汉语作为已经使用了几千年的母语，是我们日常交往最基本、最常用的工具，应该被我们熟练掌握。但学习的方法有多种，其中做文字游戏也很有用，我们现在开始吧。

嗨，大家好，我是乖，从现在开始我要大家一起学习汉语了

填字成名

请你在图中空格里填上一个字，使它与其他8个字组成7种水果名。

比	市	兆
子		口
甘	利	巴

拆字认字

这里有6个很普通的汉字，只不过它们被人拆成了三部分，请你将它们还原。

添字组字

"一、二、三、五、七、千"6个字，各添上同一个字，能组成另外6个字。请你添上这个字。

一	二
三	五
七	千

"木"字玩魔术

旁边的9个方格里，各有一个"木"字，但都是不完整的汉字，请你依据它们的位置把整个字补全。

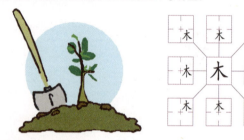

妙趣十字格

请你在下图各个"十"字形中间的空格里分别填上一个字，使它能和上下、左右的偏旁各组成一个字。

剖字各成形

这里有6个图，每个图中都有一个空格。请你在每个空格里嵌进一个字，要使这个字能够剖成两部分，和图里的字分别拼成一个新的字。

添补换新颜

请在一竖上加两笔组成一个新字。

丨	丨	丨	丨	丨					

百变"口"字

在口字上加两笔成为另外一个汉字，要找出20个这样的字才能算通过。告诉你，口字加两笔后至少可组成39个字呢。

口	口	口	口	口	口	口	口	口	口
口	口	口	口	口	口	口	口	口	口

答 案

◆填字成名
　　"木"字。

◆拆字认字
　　急，肉，茶，体，死，投。

◆添字组字
　　添上一个"口"字，6个字就变成了：日、旦、亘、吾、电、舌。

比	市	兆
子	木	口
甘	利	巴

◆"木"字玩魔术
　　如右图：

保/煤	采/栗	森/霖
休/沐	木	林/机
漆/渣	李/查	焚/禁

◆妙趣十字格
　　如下图：

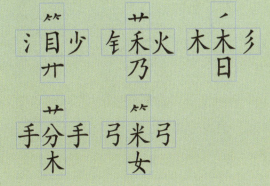

◆剖字各成形
　　如下图：

灯　　吐　　朋
↓　　　↓　　　↓
禾页　力也　日龙
↓　　　↓　　　↓
秋顶　加地　明胧

晨唇　鱼口　鲁坂　木成　板城　李　西皿　栗孟

◆添补换新颜
　　干，工，士，千，土。

干	工	士	千	土

◆百变"口"字

叫 叹 叱 叩 叮 叻 叶 古
右 号 可 叵 卟 只 叭 史
兄 叽 向 台 叼 司 叼 另
召 目 白 石 加 占 旧 囚
四 旦 田 甲 由 申 电

词语接龙游戏

在这个游戏里，需要用到演绎能力。右侧共列出14条词语，请将它们一一拆开，再连缀起来，组成新的词语，但必须是有意义的。先不要查词典。下面先举个例子：用"原油"的第二个字和"车厢"的第一个字可以构成新词——油车。这个词语游戏的难度在于要把所有词全部连起来。你可以把想到的词或术语写在小纸片上，然后把它们混在一起，再从中找出尽可能多的词语联结方式。你还可请朋友来一起玩。

原 油
花 农
味 觉
常 识
距 离
车 厢
时 务
房 间
醒酒汤
婚 礼
必需品
人 文
假 日
风 度

汉字字阵

在这个令人眼花缭乱的字阵中，隐藏着10条常见的四字成语，你的任务是把它们找出来，不仅动作要快，而且一条也不能遗漏。这10条成语有的以横读方式排列，有的以纵读方式排列，甚至还有从右往左读的。

司有没物也神科奉会八林人张但黑磨甚
翻天吾贺喜出望外他马股高金掌门十箱
有才里肉陈字追与九和血是毛木皮手米
营气有属走如文演亦童还老返尔日团匹
兄纵隆于鲁日至敏拱歌行当于尺鼻至咩
都横斗追雪中送炭厥阴汪益约斥山不水
成日他庆华天是使什和学壮李有格亿一
翘令风及牙工年顶天立地哲分切聪央比
作言云天玄等下见马盖工迅去片少才应
坑往际陈以火和起行物数思约欠次包选
邀才会杜理松任鸟空涨造被回身秃哉卓
同裁量股斗雅是每山决序资推陈出新罗

倒读游戏

这个句子是倒着写的，请你尽可能快地大声读出来。从后面开始读起。你会注意到只有十分专注才能读得出来。这个游戏所要训练的正是你的专注力。

？呢面前马到放车马把着试不么什为

动物成语

请根据方格内的动物，在每个空格中各填入一个字，使它们分别连成一条成语。

部首组词

请你用图中格子里的字或部首组成一条四字成语。

日	口	月	古	夂	门	口	矢

首末相接

依据数字排序方向填写四字成语，并使上条成语的末字与下条成语的首字相同。如万水千山、山高水低……

万		2		3		4
	13		14		15	
	22		23		24	
12		29		30	16	5
	21	28			25	
11				语	17	6
		27		26		
	20		19		18	
10		9		8		7

迷宫寻路

右面的49个字组成了16个成语，请你从"入口"开始，用首尾相接的办法组成成语，最后从"出口"结束。

入口 →

十	急	如	树	银	巧	语
万	火	星	火	花	言	重
远	不	期	为	勇	长	心
迷	信	真	知	义	生	不
除	以	为	灼	见	生	老
破	牢	补	存	死	常	谈
可	不	羊	亡	生	风	笑

出口 ←

答案

◆ **汉字字阵**

　横读：喜出望外、返老还童、雪中送炭、顶天立地、推陈出新。

　纵读：才气纵横、风云际会、如日中天、天马行空、老当益壮。

◆ **动物成语**

如下图：

◆ **部首组词**

如下图：

日	口	月	古	攵	门	口	矢

明	知	故	问

◆ **首末相接**

如下图：

万	水	千	山	高	水	低	声	下	气
无	人	浮	于	事	出	有	因	小	象
中	海	阔	天	空	前	绝	后	失	万
目	人	俱	下	马	观	花	继	大	千
障	山	泪				言	有	快	军
叶	人	声				巧	人	人	万
一	逼	成				语	心	心	马
如	势	不	泣	而	隔	向	所	旷	到
口	形	忘	意	得	自	然	怡	神	成
心	一	众	万	上	千	成	垂	败	功

◆ **迷宫寻路**

如下图：

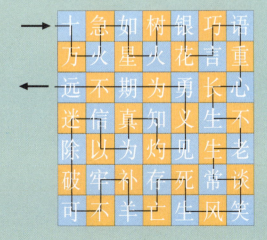

成语算术题

请你利用加、减、乘、除的方法，做出6道成语算术题来。

□头□臂－□心□意=□海为家

□面□方÷□拜之交=□根清净

□大金刚+□蹴而就=□体投地

□本正经×□思而行=□生有幸

□□罗汉－□网□尽=光怪□离

□步成章+□顾茅庐=□遗补缺

趣味轮盘

轮盘中有八条"一"字成语，请你试着填一填。

成语巧编织

请你在下图的空格里填上适当的字，让它们和原有的字，组成一条常用的成语。

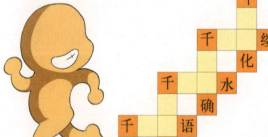

图形加减

这是一道极有趣的算术题，因为用来加减的并不全是阿拉伯数字，还有各式各样的图形。

根据第一道等式的例子，请你回答出第二道题。

 ＋ **20** ＋ ＋ = 潮

 － ＋ =

完型圆圈

在这个圆圈里的每两个字之间填上两个字，就可以组成15条首尾相连的成语，请你填看。

排长龙

在这个图形里的每两字之间填上两个字，就可以组成17条首尾相连的成语，请填填看。

空格填字

在空格中填字组成5条成语。

看图猜字

 禁止通行

（1）_____　　（2）_____　　（3）_____

(4)_____　　(5)_____　　(6)_____　　(7)_____

答案

◆ **图形加减**
如下图：

◆ **成语算术题**
(三)头(六)臂 − (三)心(二)意 = (四)海为家
(四)面(八)方 ÷ (八)拜之交 = (六)根清净
(四)大金刚 + (一)蹴而就 = (五)体投地
(一)本正经 × (三)思而行 = (三)生有幸
(十)(八)罗汉 − (一)网(打)尽 = 光怪(陆)离
(七)步成章 + (三)顾茅庐 = (拾)遗补缺

◆ **完型圆圈**
如右图：

◆ **排长龙**

语重心长	长此以往
往返徒劳	劳苦功高
高歌猛进	进退两难
难舍难分	分秒必争
争先恐后	后继有人
人山人海	海阔天空
空前未有	有口无心
心急如火	火树银花
花言巧语	

◆ **趣味轮盘**
如下图：

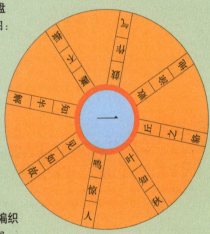

◆ **空格填字**
如右图：

◆ **看图猜字**
如下图：

◆ **成语巧编织**
如右图：

千变
千丝万缕
真 化
千山万水
辛 确
千言万语
锤 苦
千方百计
炼

 腥
 晌

禁止通行
赵

躁(止噪)

 呀

 跑(包足)
 抱(包手)

第四单元 NO.4

□ 英语游戏

Hello，nice to meet you！该进入英语游戏时间啦。好多小朋友学不好英语，于是就不喜欢学。英语是我们通往世界的桥梁，胸怀大志的小朋友一定不能冷落了它哟。掌握好方法，努力学习，再难的问题我都能答对。好，开始游戏！

认识水果

阿米最喜欢水果了。这不，他又到水果店来买水果了。这里的水果种类可真不少，你来认认这是些什么水果。想好后将各种水果的英文单词逐个填入下面的空格。

Across（横向）：

①有的是紫色，也有的是绿色。

②是已有单词PEACH。

③它也是一家电脑公司的名称。

④一种黄色的、很酸的水果。

⑤它不仅是水果，同时也是一种颜色。

Down（纵向）：

⑥这种水果很大，圆圆的，外表是黑绿相间的。

⑦黄色的水果，猴子的最爱。

⑧热带地区盛产这种水果。

⑨一种小小的、红色的水果。

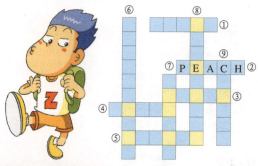

考眼力

下面的字母中隐藏着10个月份，请你在3分钟内找到它们。（提示：可以横、竖、斜、反着连线。）

```
F S J U L Y E S E U M C
R C H I R S Z B Y A M B
F S N S K R C M A R C H
E E E C S L P Y Y I E J
B P N Z K I L J B N A R
R T B E D R R Y U N L E
U E U K R P R J U N L B
A M B L F A A A E L S O
R B I K V G R B K Q L T
Y E O O F Y T I W Y N C
G R K T S U G U A X A O
```

找名字

Hello，大家好。这是我可爱的小猫咪的照片，它有一个非常可爱的名字，请在30秒钟内找出它的名字吧。（将字母重新排列。）

O O P P L L L I

答案：＿＿＿＿＿＿＿＿＿

⑦ P E A C H ②

小蝌蚪找妈妈

将单词按照画线部分的发音，与右边对应的音标连线。

Monday	[ju:]
Tuesday	[ai]
Wednesday	[ʌ]
Thursday	[e]
Friday	[ə:]

聪明的你能不能帮小蝌蚪找到妈妈呢？

英文课程表

请你动手设计一张英文的课程表。

提示，常见的学习科目你可以这样表达：

语文：Chinese 数学：Math 英语：English

音乐：Music 体育：P.E. 美术：Art

自然：Science 阅读：Reading 计算机：Computer

品德：Moral Education 社会：Social Study

	Monday	Tuesday	Wednesday	Tursday	Friday
1					
2					
3					
4					
5					
6					

定点跳伞

让我们来玩一个定点跳伞的游戏。看，天上有5个伞，伞上分别有5个单词：rain、see、night、boat、new。地上有5个定点，分别写着5个音标：[ei] [i:] [ai] [əu] [ju:]。现在请你将单词按发音写在相应的音标旁边。

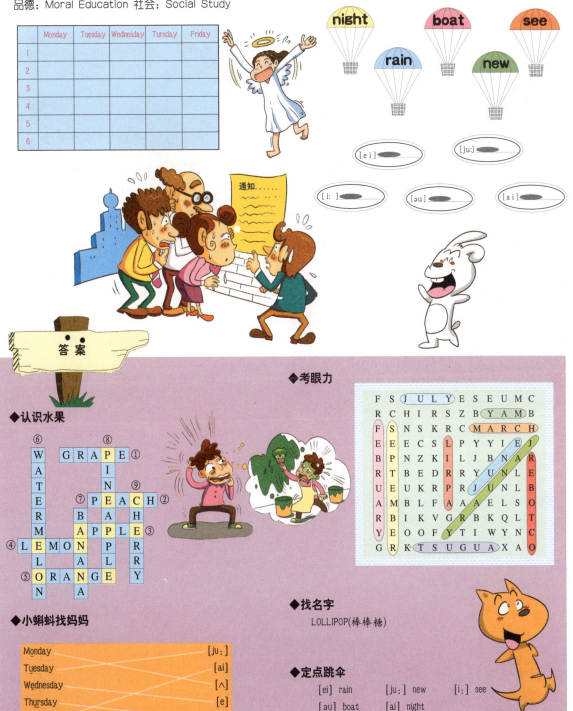

[ei] [ju:]

[i:] [əu] [ai]

认识水果

考眼力

小蝌蚪找妈妈

Monday [ju:]
Tuesday [ai]
Wednesday [ʌ]
Thursday [e]
Friday [ə:]

找名字
LOLLIPOP(棒棒糖)

定点跳伞
[ei] rain [ju:] new [i:] see
[əu] boat [ai] night

点点相连

Join the dots to find out what the animal is.
将这些点按字母顺序连起来，你会看见什么动物呢？
It's a_____.

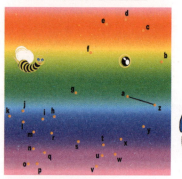

Ken的神秘礼物

　　Ken是个聪明的孩子，他今天第一次和大家见面，特意准备了一个小礼物送给大家，这个小礼物也表达了他很高兴和大家认识的心愿。

　　你知道他到底想和我们说什么吗？

　　提示：1=A，　2=B，　3=C，……

Mary的游戏

　　Mary在公园里看见了什么？

　　让左边的英文字母跟着方格里的线路走，然后在右边的圆圈内填上这个英文字母，将右边的字母连起来你就会找到答案。你也来试试吧。

你写得棒极了！
Excellent！

春节

　　西方国家最重要的节日是Christmas Day(圣诞节)，而中国最重要的节日是Spring Festival(春节)，也可以说成Chinese New Year。一想到春节，人们自然就会想起那些喜庆的场面，如看烟火、舞狮子、总之家家户户都是喜气洋洋的。

　　下面这些单词都与Chinese New Year相关，但是拼写都不正确，请你更正。

(1)afietlsv　　_____

(2)fyimal　　_____

(3)leicnreatbo　_____

(4)rrwofeksi　　_____

(5)nnrltae　　_____

(6)organd　　_____

(7)fsate　　_____

(8)icahn　　_____

(9)kisl　　_____

(10)gudpilmn　_____

提示：

China	中国
celebration	庆祝
silk	丝绸
lantern	灯笼
dragon	龙
fireworks	烟火
family	家庭
feast	盛宴
dumpling	饺子
festival	节日

小动物寻亲

　　horse、cat、cow、dog、sheep、pig都是我们很熟的farm animals，那么你知道它们的孩子用英文怎么说吗？下面请你帮助这些孩子找到它们的家人吧！

foal、kitten、calf、puppy、lamb、piglet

cat_____　　　horse_____

cow_____　　　dog_____

pig_____　　　sheep_____

趣味算术

让我们来做一些有意思的算术题，看看最后的结果是人的身体的哪一个器官。

(1)(She−s)+(smart−sm)= _____

(2)(brag−g)+(ink−k)= _____

(3)(living−ing)+(her−h)= _____

(4)(stove−ve)+(make−ke)+(chip−ip)= _____

(5)(luck−ck)+(rings−ri)= _____

"张冠"别"李戴"

下面有两组单词，一组是服装的名称，一组是身体的不同部位，你能把它们搭配正确吗?千万别发生"张冠李戴"的笑话哟!

ring	neck
scarf	finger
hat	feet
glove	hand
belt	waist
socks	head

◆**答案**

◆**点点相连**

　It's a whale (鲸).

嗯，我会更加努力学习英语的。

◆**Mary的游戏**

　BUTTERFLY.

◆**小动物寻亲**

　cat: <u>kitten</u> ; horse: <u>foal</u>; cow: <u>calf</u>; dog: <u>puppy</u>; pig: <u>piglet</u>; sheep: <u>lamb</u>.

◆**Ken的神秘礼物**

8	5	12	12	15		14	9	3	5
H	E	L	L	O		N	I	C	E

20	15		13	5	5	20		25	15	21
T	O		M	E	E	T		Y	O	U

◆**春节**

　(1)festival (2)family (3)celebration (4)fireworks (5)lantern
　(6)dragon (7)feast (8)China (9)silk (10)dumpling

◆**趣味算术**

　(1)heart (2)brain (3)liver
　(4)stomach (5)lungs

哈哈一

◆**"张冠"别"李戴"**

ring	neck
scarf	finger
hat	feet
glove	hand
belt	waist
socks	head

第五单元 NO.5

☐ 谜语游戏

我出个谜语给你猜吧。

少年儿童朋友们，你们喜欢猜谜语吗？猜谜语可是一件很有意思的事。可爱的小动物、日常生活中接触到的各类事物、千变万化的汉字、常用成语等许许多多的东西，都可以改编为谜语。经常猜猜谜语有助于我们开动脑筋、启发思维，更能给平时的学习和生活增添乐趣。

✎ 动物谜语

活泼可爱的小动物是许多少年儿童朋友所喜爱的，从家里养的小猫、小狗、小金鱼，到大自然中的各种动物，都可以被编成谜语，这可是一件有趣又长学问的事哦。现在就来试一试吧。

1. 长个乌龟相，披件红外衣。专门吸人血，装进大肚皮。

2. 一个姑娘，实在荒唐。造间房子，不留门窗。

3. 长相俊俏，爱舞爱跳。春花一开，它就来到。

4. 说鸟不是鸟，躲在树上叫。自称啥都知，其实全不晓。

5. 小飞虫，尾巴明，夜黑闪闪像盏灯。古代有人曾借用，刻苦读书当明灯。

6. 小姑娘，穿花袍，棉花田里逞英豪。保护庄稼不用药，专治蚜虫本领高。

7. 身体半球形，背上七颗星。棉花喜爱它，捕虫最著名。

8. 翅膀一展亮晶晶，整天飞舞花丛中。手足不闲爱劳动，酿造蜜糖好过冬。

9. 肚大眼明头儿小，胸前有对大砍刀。别看样子有点笨，捕杀害虫最灵巧。

10. 两撇小胡子，尖嘴尖牙齿。贼头又贼脑，夜晚干坏事。

11. 全身都是宝，爱吃百样草。吃饱就睡觉，走路哼哼叫。

哈哈，我又猜对了一个！

12. 尖尖嘴，细细腿。狡猾多疑，拖条大尾。

13. 一身毛，四只手。坐着像人，走着像狗。

14. 长着两只角，翻穿大皮袄。吃的绿草草，拉的黑枣枣。

15. 身披一件大皮袄，山坡上面吃青草。为了别人穿得暖，甘心脱下自己毛。

16. 名字叫作牛，不会拉犁头。说它力气小，背着房子走。

17. 头戴红帽子，身穿白袍子。说话伸脖子，走路摆架子。

18. 两头尖尖相貌丑，耳目手脚都没有。整日工作在地下，一到下雨才露头。要问到底是什么，庄稼人的好朋友。

19. 鼻子粗又长，两牙赛门杠。双耳如蒲扇，身子似面墙。

20. 头长两棵树，身开白梅花。性情最温顺，奔跑赛过马。

21. 看着像狗样，喜欢山里藏。耳小尾巴大，常把人畜伤。

22. 身体虽不大，钢针满身插。遇敌蜷一团，老虎也无法。

23. 头戴大红帽，身披五彩衣。好像小闹钟，清早催人起。

24. 耳朵长，尾巴短，红眼睛，白毛衫，三瓣嘴儿胆子小，蹦蹦跳跳人喜欢。

25. 小飞艇，大眼睛，两只翅膀大又明，飞东飞西忙不停，消灭害虫有本领。

26. 身穿黑缎袍，尾巴像剪刀。冬天向南去，春天回来早。

27. 有头无颈，有眼无眉。无脚能走，有翅难飞。

28. 八只脚，抬面鼓，两把剪刀鼓前舞。生来横行又霸道，嘴里常把泡沫吐。

29. 头插雉尾毛，身穿铁青袍，走进汤家庄，改换大红袍。

30. 一条大船不靠岸，海里沉浮随心愿。不烧煤来不用油，烟囱冒水不见烟。

31. 两块瓦片盖间房，一个胖子住中央。水里生来水里长，就怕拖它到岸上。

32. 身穿紫花白战袍，海里将军有妙招。每遇敌人来袭击，急放墨汁当法宝。

33. 两腿短短脖子长，穿了一身白衣裳。头上有个红

疙瘩，游水本领高又强。

34.老婆婆，生得丑。既像鸟，又像兽。白天不敢见人，夜里长哭短诉。

35.小飞贼，水里生。干坏事，狠又凶。偷偷摸摸吸人血，还要嗡嗡唱一通。

36.脑袋像猫不是猫，身穿一件豹花袄。白天睡觉夜里叫，看到田鼠就吃掉。

37.先搭竹丝桥，后修宝花楼。盘脚坐楼中，吃穿不用愁。

38.林海之中一医生，保护树木立大功。不打针来不给药，一口叼出肚里虫。

39.田家有个小姑娘，弯弯绕绕想情郎。读书情郎它不想，一心只想种田郎。

40.头戴花冠鸟中少，身穿锦袍好夸耀。尾巴似扇能收展，展开尾巴却爱瞧。

41.三月清明起，九月重阳散，弹起七弦琴，唱歌没有完。

42.一个小虫它会飞，嘴含毒汁细长腿。专喝人血传疾病，快来消灭吸血鬼。

43.脚穿钉鞋行无声，不爱吃素专吃腥。白天无事打瞌睡，夜晚捕鼠逞英雄。

44.一物像人又像狗，爬竿上树是能手。擅长模仿人动作，家里没有山中有。

45.脊背突起似山峰，"沙漠之舟"能载重。风沙干旱何所惧，戈壁滩上一英雄。

46.沙漠一只船，船上载着山。远看像笔架，近看一身毡。

47.一物生来真奇怪，肚下长个皮口袋。孩子袋里吃和睡，跑得不快跳得快。

48.身穿皮袄黄又黄，呼啸一声万兽慌。虽然没领兵和将，也称山中一大王。

49.脖子长长似吊塔，穿着一身花斑褂。跑起路来有本领，奔驰赛过千里马。

50.空中排队飞行，组织纪律严明。初春来到北方，深秋南方过冬。

快来对答案，看看你猜对了没有。

谜底

1.臭虫。2.蚕。3.蝴蝶。4.知了。5.萤火虫。6.七星瓢虫。7.七星瓢虫。8.蜜蜂。9.螳螂。10.老鼠。11.猪。12.狐狸。13.猴。14.羊。15.绵羊。16.蜗牛。17.鹅。18.蚯蚓。19.象。20.梅花鹿。21.狼。22.刺猬。23.公鸡。24.白兔。25.蜻蜓。26.燕子。27.鱼。28.螃蟹。29.虾。30.鲸鱼。31.蚌。32.墨鱼。33.鹅。34.猫头鹰。35.蚊子。36.猫头鹰。37.蜘蛛。38.啄木鸟。39.蚂蟥。40.孔雀。41.蝉。42.蚊子。43.猫。44.猴。45.骆驼。46.骆驼。47.袋鼠。48.虎。49.长颈鹿。50.雁。

✏️ 常用物品谜语

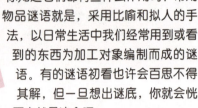

　　生活中，大家会接触到很多东西，你留意过它们的外形吗？你知道它们都有些什么作用吗？常用物品谜语就是，采用比喻和拟人的手法，以日常生活中我们经常用到或看到的东西为加工对象编制而成的谜语。有的谜语初看也许会百思不得其解，但一旦想出谜底，你就会恍然大悟：原来就是这个呀！

"没到手抢它，到手就扔它"，有意思。

1.不大不大，浑身净是画。背个纸口袋，走遍全天下。

2.看看没有，摸摸倒有。似冰不化，似水不流。

3.没到手抢它，到手就扔它。越是喜欢它，越是要打它。

4.生在山岭中，颜色都相同。到了你们家，有绿又有红。

5.家住大海，走上岸来，太阳一晒，身体变白。

6.小白鸡，拖长尾。走一步，啄一嘴。

7.兄弟四五人，各进一道门。要是进错了，定会笑死人。

8.一件东西来回走，只有牙齿没有口。

9.有山不见树，有河不见水，有路不能走，要走跑断腿。

10.在家脸上白，出门脸上花。远近都能到，一去不回家。

11.两姐妹，一样长。酸甜苦辣，她们先尝。

12.身穿红衣裳，常年把哨放。遇到紧急事，敢向火海闯。

13.方方一木房，四周没有窗。开门看一看，全部是衣裳。

14.好似一双手，十个手指头。看看光是皮，摸摸没骨头。

15.绿衣汉，街上站。光吃纸，不吃饭。

16.一间屋，三个门，里面只住半个人。

17.有风不动无风动，不动无风动有风。

18.全身红彤彤，心里亮晶晶。节日高挂起，一脸笑盈盈。

19.硬舌头，尖嘴巴。不吃饭，光喝茶。

20.尖长嘴，铁刺骨。咬一口，走一步。

21.会走没有腿，会咬没有嘴。打仗不扛枪，过河不渡水。

22.一头怪牛，两条圆腿，骑它肚上，抓它双角。

23.直直一条小红河，河水从来无浪波。天热水位上涨，天冷必定往下落。

24.身体长得细又长，衣裳美丽黑心肠。平头尖脚纸上爬，越爬越短越心伤。

25.一个老头，没脚没手，笑口常开，不跑不走。要他睡觉，他却摇头。

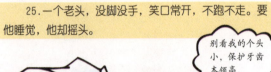

别看我的个头小，保护牙齿本领高。

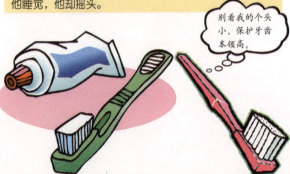

26.一张大伞，飘在空中，落到地上，跳出英雄。

27.新时白头发，旧时满头黑。闲时戴帽子，忙时把帽摘。

28.远看小洋楼，近看大馒头。人在底下走，水在上面流。

29.指着你的脸，按着你的心，通知你主人，赶快来开门。

30.有匹马儿两人骑，一头高来一头低。虽然马儿不走路，两人仍会笑嘻嘻。

31.身上穿红袍，肚里真心焦。惹起心头火，跳得八丈高。

32.一位好朋友，天天来聚首。事事告诉我，就是不开口。

33.远看像小丘，近看像楼梯。上去一步步，一下滑到底。

34.铁打的心肠像枝花，我是主人的好管家。主人一来我开心，不是主人不理他。

35.不怕身上脏，墙角把身藏。出来走一走，地面光又光。

36.一张网儿四方方，从不捕鱼撒入江。噼噼啪啪一阵响，打得飞贼把命丧。

37.像糖不是糖，能用不能尝。见水起白泡，去油又去脏。

38.又圆又扁肚里空，有面镜子在当中。老少用它都低头，摸脸搓手又鞠躬。

39.小小扫帚，一手拿牢。白石缝里，天天打扫。

40.圆筒装着白糊糊，每天早晚挤一挤，二三十个小兄弟，都说用它有好处。

41.脸儿亮光光，坐在桌子上。妹妹跑过来，请它照个相。

42.打开半个月亮，收到兜里可装。来时荷花初放，去时菊花变黄。

43.小小玻璃房，外面罩围墙。屋里热烘烘，墙外冰冰凉。

44.勤恳服务心里红，待人接物挺热情。天热外边度酷暑，天冷屋里来过冬。

45. 满屋娃娃，圆圆脑瓜。出门一滑，开朵红花。

46. 弟兄十个肚里空，有皮无骨爱过冬。不怕风雪不怕寒，越冷它就越有用。

47. 像似蟠龙不是龙，朱砂一点染头红。烟雾缭绕驱飞虎，夜夜为咱除害虫。

48. 小小身体瘦又长，五彩衣裳有心肠，嘴巴尖尖会说话，只见短来不见长。

49. 怪气肚里躲，铁袍身上裹。捻它一指头，红花开一朵。

50. 头戴玻璃平顶帽，长圆身体披长袍。夜里睁开一只眼，专往黑暗地方瞄。

51. 一物生来真稀奇，身穿三百多件衣。每天给它脱一件，年底剩下一张皮。

52. 有朵花，人喜爱，有时闭来有时开。雨天开在大街上，花根就在手中栽。

53. 一只小铁猴，有嘴没有头。帮你讲卫生，咬脚又咬手。

54. 铁打汉，脚底尖，头戴扁平帽，会挤又会钻。

55. 嘴儿扁，脑袋方，上下飞舞忙又忙。修桌椅，造门窗，整整齐齐多漂亮。

56. 心直口快，满嘴铁牙。叽里咕噜，替人分家。

57. 两只翅膀一颗牙，不会飞来只会爬。出来好管不平事，口吐朵朵白云花。

58. 石头层层不见山，道路弯弯走不完。雷声隆隆不下雨，大雪纷飞不觉寒。

59. 奇怪奇怪真奇怪，肠子长在肚皮外。肚子底下三条腿，长个尾巴还歪歪。

60. 身上大环套小环，生来就爱吃子弹。过硬本领它做证，你说这是哪一件？

"弟兄十个肚里空，有皮无骨爱过冬。不怕风雪不怕寒，越冷它就越有用。"这是什么呢？

有朵花，人喜爱，
有时闭来有时开。
雨天开在大街上，
花根就在手中栽。

哈哈，我想我猜出谜底了！

谜底

1. 邮票。2. 玻璃。3. 篮球。4. 茶。5. 盐。6. 针。7. 衣扣。8. 锯。9. 地图。10. 信。11. 筷子。12. 灭火器。13. 衣柜。14. 手套。15. 邮筒。16. 裤子。17. 扇子。18. 灯笼。19. 钢笔。20. 剪刀。21. 象棋。22. 自行车。23. 温度计。24. 铅笔。25. 不倒翁。26. 降落伞。27. 毛笔。28. 雨伞。29. 门铃。30. 跷跷板。31. 爆竹。32. 报纸。33. 滑梯。34. 锁。35. 扫帚。36. 蝇拍。37. 洗衣粉。38. 洗脸盆。39. 牙刷。40. 牙膏。41. 镜子。42. 折扇。43. 暖水瓶。44. 火炉子。45. 火柴。46. 手套。47. 蚊香。48. 铅笔。49. 打火机。50. 手电筒。51. 日历。52. 雨伞。53. 指甲刀。54. 钉子。55. 斧子。56. 锯。57. 刨子。58. 磨。59. 辘轳。60. 靶子。

你也要去参加猜谜会吗?

我当然要去了!

61.只有腿来无胳膊,只有脊梁无脑壳。爱摆架子盘腿坐,横跨鼻梁勾耳朵。

62.你哭它也哭,你笑它也笑。正面看得着,背面找不到。

63.不是糕点不是糖,洁白芬芳袋里装。不能吃来不能喝,每天你都要尝尝。

64.银光壁,水晶宫,夹层玻璃不透风。火热心肠为人民,专把温暖送群众。

65.一只花鸡站桌上,穿针引线点头忙。嘴里咬过五彩布,吐出各式花衣裳。

66.一只雀,飞上桌。捏尾巴,跳下河。

67.白白珍珠不发光,家家户户都收藏。散出奇香自身灭,除虫防蛀保衣裳。

68.左手十个,右手十个,拿去十个,还剩十个。

69.一根藤上结个瓜,生根结果在你家。年年看瓜瓜不长,夜夜看瓜瓜开花。

70.排排铁人靠墙立,铁腿铁臂铁肚皮。夏天肚里空空的,冬天肚里饱饱的。要问吃的啥东西,不是水来就是气。

71.铁笼中,罩铁鸟。翅膀多,不会跑。热天一到嗡嗡飞,谁在旁边谁叫好。

72.红姑娘,绿姑娘,有的瘦,有的胖。凉肚皮,热心肠,冬天让人睡温床。

73.木尾巴,铁脑袋,大板牙齿真叫快。从来不见它喝水,经常吃肉又吃菜。

74.有长也有方,五味它都尝。只要别人净,不怕自己脏。

75.铁嘴唇,没长牙,嘴里衔块猪油渣。单等小偷来进门,"啪"的一声咬住它。

76.白白的,圆圆的。下锅一煮黏黏的,吃上一口甜甜的,正月十五都吃它。

77.兄弟俩,俩兄弟,出出进进不分离。起床肚子饱,睡觉肚子饥。

78.浑身毛,一条腿,不怕灰尘只怕水。

79.腿长脚尖,爱画圈圈。

80.看来很有分寸,长得斯斯文文。从来就不律己,专门衡量别人。

81.小小铁娃娃,身矮力量大。如果论举重,本领数它大。

82.别看个儿小,咱家传家宝,缝补需要它,勤俭节约好。

83.看着像块糕,不能用嘴咬。洗衣和洗澡,浑身出白泡。

84.生来青又黄,好似水一样。不能下水去,只能浮水上。

85.有圆有方,落在河上。把它拉起,泪水汪汪。

86.小小零件人人夸,哪里需要哪安家,一个心眼为集体,多种机器都有它。

87.没眼有眼力,不问东和西。带它走四海,方向永不迷。

88.两条铁路一样长,整整齐齐排成行。只见一辆小车过,两行自动变一行。

89.黑黑小一间房,轻易不会来开窗。只要窗户一打开,就会把你里面藏。

90.短腿腿,圆脸膛,耳朵长在脑袋上。肚里声声嘀嗒响,提醒我们早起床。

91.住在深山里,炼在火炉里。为了大家温暖,不怕牺牲自己。

92.圆脸小嘴巴,嘴外露着一颗牙。你若要用它,抠住牙齿往外拉。

93.一圈一圈摆好阵,浓烟滚滚击敌人。敌人见它绕着走,昏昏迷迷把命丧。

94.头上大火烧,身上泪水浇。越烧个越小,最后全没了。

让我画出谜底给你看……

95.弯腰翘尾铁嘴巴，有头无脚地上爬。牛在前面拉它走，田野开出泥浪花。

96.常年戴个玻璃帽，常喝浓酒醉不倒。沾点火星发脾气，头上呼呼火直冒。

97.颜色白又白，身子圆又圆。一日洗三遍，夜晚柜里眠。

98.一只大肚鸡，无脚不会啼。肚里尽是水，客来它敬礼。

99.上不怕水，下不怕火。家家厨房，都有一个。

100.身体不大容量大，亿万雄兵腹为家。古今中外来聚会，乾坤宇宙都收下。

101.四角方方，跟我来往。伤风咳嗽，数它最忙。

102.头上亮光光，出来凑成双，背上缚绳子，驮人走四方。

103.两只小口袋，天天随身带。要是少一个，就把人笑坏。

104.像我没我大，有嘴不说话。可以摆上桌，还能墙上挂。

105.一个棉花包，外穿绣花袍。爱在床上卧，从不地下跑。

106.四四方方一座城，夜晚关门不点灯，贼在城外乱嚷嚷，主人安心起鼾声。

107.一只绵羊四只角，白天饿来夜晚饱。夏天没它还能过，冬天没它受不了。

108.两只摆渡船，来回在水中。

109.皮老虎，铁嘴唇，只吃衣服不吃人。

110.长脖子，小小口，一肚清水坐高楼。全屋就数它爱美，红黄蓝绿插满头。

111.圆圆身子莲蓬头，有人带我上花楼。花儿见我开眼笑，我见花儿泪水流。

112.嘴巴圆圆肚子大，一个耳朵任人抓。别看尾巴不显眼，火热心肠全靠它。

113.一线相通，飞行空中。

114.泥来做，火来烧，有红有青像块糕。高楼靠它平地起，建设祖国立功劳。

115.长颈大肚皮，有嘴没有腿。吃的是白汤，吐的是黄水。

116.一匹马，四条腿，没有头来没有尾。人来骑它它不动，不吃青草不喝水。

117.空肚子上街，满肚子回来。又吃鱼肉，又吃青菜。

118.人家脱衣服，它就穿衣服。人家脱帽子，它就戴帽子。

119.一对弯背汉，天天在门前。日里开门挑起担，夜里关门荡秋千。

120.一个饼子薄又圆，一条小沟饼上盘。针儿顺着沟里走，动人歌声唱不完。

121.有字又有画，常在墙上挂。千金买不到，谁见谁都夸。

122.虽说也是花，园中不种它。一年四季开，戴它人人夸。

123.小矮人，有姓名。办事情，它做证。

124.没脚没手偏会跳，非鸟非兽却有毛。孩子看见拿在手，一脚踢它三尺高。

125.倒着披头散发，立着地上乱爬。

126.一个公公精神好，从早到晚不睡觉。身体虽小力气大，千人万人推不倒。

127.一根藤儿结满果，颗颗果子红衣裹。藤儿着火往上蹿，果子噼啪往下落。

128.千层褥子千层被，黑色小孩里边睡。一个红孩来推门，"咚"的一声蹬破被。

129.受到吹捧就自大，没人吹捧就疲沓。外表看来圆又壮，遇到打击就爆炸。

130.哥俩一样高，都穿红衣裳。专爱站门边，喜庆话儿讲。

嘿嘿，照猫画虎，看了这些谜语，我也能自己编了。

谜底

61.眼镜。62.镜子。63.牙膏。64.暖水瓶。65.缝纫机。66.汤匙。67.樟脑丸。68.手套。69.电灯。70.暖气片。71.电扇。72.热水袋。73.菜刀。74.抹布。75.老鼠夹。76.汤圆。77.鞋。78.掸子。79.圆规。80.尺。81.千斤顶。82.针线包。83.肥皂。84.油。85.渔网。86.螺丝钉。87.指南针。88.拉链。89.照相机。90.闹钟。91.煤炭。92.卷尺。93.蚊香。94.蜡烛。95.犁。96.酒精灯。97.碗。98.茶壶。99.锅。100.书架。101.纸巾。102.皮鞋。103.袜子。104.相片。105.枕头。106.蚊帐。107.棉被。108.雨鞋。109.皮箱。110.花瓶。111.浇花喷壶。112.暖水瓶。113.风筝。114.砖。115.茶壶。116.长板凳。117.菜篮。118.衣帽架。119.帐钩。120.唱片。121.奖状。122.光荣花。123.图章。124.毽子。125.拖把。126.不倒翁。127.鞭炮。128.爆竹。129.气球。130.对联。

地名谜语

喜欢地理知识的少年儿童朋友们，你们对中国的很多城市区县名称，还有许多外国国家名、城市名称一定会很熟悉吧？但如果把这些地名都编成谜语，你还能猜出来吗？想不想来试一试呢？在猜谜的过程中你不仅可以锻炼自己的反应能力，还可以增长不少地理知识哦。

中国地名

1. 船出长江口。（打一直辖市名）
2. 金银铜铁。（打江苏一地名）
3. 倾盆大雨。（打甘肃一地名）
4. 银河渡口。（打一直辖市名）
5. 四季温暖。（打吉林一地名）
6. 带枪的人。（打湖北一地名）
7. 风平浪静。（打浙江一地名）
8. 两个胖子。（打安徽一地名）
9. 双喜临门。（打一直辖市名）
10. 久雨初晴。（打贵州一地名）
11. 日近黄昏。（打河南一地名）
12. 大楼入口。（打福建一地名）
13. 拆信。（打河南一地名）
14. 八月飘香香满园。（打广西一地名）
15. 觉醒了的土地。（打江苏一地名）
16. 海中绿洲。（打山东一地名）
17. 夸夸其谈。（打海南一地名）
18. 萤火虫，亮晶晶。（打云南一地名）
19. 千里戈壁。（打湖南一地名）
20. 空中码头。（打江苏一地名）
21. 快乐之地。（打福建一地名）
22. 香满港湾。（打一特区名）
23. 兵强马壮。（打湖北一地名）
24. 东方有战事。（打陕西一地名）
25. 法官进羊圈。（打辽宁一地名）
26. 邮路不通。（打山东一地名）
27. 相差无几。（打山西一地名）
28. 戈壁之城。（打湖北一地名）
29. 仙人入岭。（打广东一地名）
30. 大家都笑你。（打黑龙江一地名）
31. 不冷不热的地方。（打浙江一地名）
32. 固若金汤。（打河北一地名）
33. 红山。（打内蒙古一地名）
34. 努力炼钢。（打湖北一地名）
35. 隆冬穿背心。（打河北一地名）
36. 刚建成的村庄。（打河南一地名）

37. 东、西、北三面堵塞。（打江苏一地名）
38. 春城无处不飞花。（打辽宁一地名）
39. 大雪变水。（打吉林一地名）
40. 辕门。（打辽宁一地名）
41. 泰山之南。（打湖南一地名）
42. 珍珠港。（打安徽一地名）
43. 烽火哨。（打山东一地名）
44. 士。（打湖南一地名）
45. 湖南农村。（打湖南一地名）
46. 缓流。（打河北一地名）
47. 水陆要塞。（打河北一地名）
48. 一路平安。（打辽宁一地名）
49. 和平城市。（打江西一地名）
50. 改造河流。（打江西一地名）
51. 大作写就。（打浙江一地名）
52. 政通人和。（打安徽一地名）
53. 观看河景。（打安徽一地名）
54. 空中取物。（打广东一地名）
55. 初次见面。（打广东一地名）
56. 祖先种过的地。（打福建一地名）
57. 食盐增产。（打湖北一地名）
58. 慈航普渡。（打湖北一地名）
59. 开渠。（打云南一地名）
60. 一江春水向东流。（打云南一地名）
61. 贸易都市。（打河南一地名）
62. 筵席开始。（打河南一地名）
63. 暮春。（打甘肃一地名）
64. 探亲。（打河北一地名）
65. 从此太平无事。（打宁夏一地名）
66. 思想完全一致。（打宁夏一地名）
67. 直奔太阳。（打青海一地名）
68. 巨人脚。（打四川一地名）
69. 谈天的都市。（打山东一地名）
70. 终年积雪。（打吉林一地名）
71. 向日葵。（打辽宁一地名）
72. 见脸不见发。（打内蒙古一地名）
73. 谏行言听。（打江苏一地名）
74. 后羿张弓。（打江苏一地名）
75. 年年丰收。（打江苏一地名）
76. 航空信。（打江苏一地名）

这些地名谜语真有意思。

77. 红日。（打江苏一地名）
78. 删改作品。（打贵州一地名）
79. 红河。（打贵州一地名）
80. 此。（打青海一地名）
81. 持久和平。（打陕西一地名）
82. 江淮河汉。（打一省名）
83. 蓝色之洋。（打一省名）
84. 宝树丛丛。（打一省名）
85. 长江解冻。（打一省名）
86. 东南北。（打一自治区名）
87. 白。（打一泰山名胜）
88. 坐楼杀惜。（打一河流名）
89. 如岗如陵。（打浙江一地名）
90. 老太太梳头不用油。（打一省名）

国家（地区）名

91. 天明再会。
92. 隐瞒历史。
93. 今天。
94. 他们两人都去了。
95. 更加窘困。
96. 盖图章必用之物。
97. 颜料展览。
98. 爱看斗牛。
99. 兄长不少。
100. 初见成效。
101. 左右皆是。
102. 偶有所获。
103. 增添收入。
104. 灰尘吹来。
105. 好汉。
106. 红面粉。
107. 银装素裹冻蓬莱。
108. 你说好。
109. 水陆各半。
110. 悬崖收缰。
111. 东面就是四川。
112. 昔日的四川。
113. 希望你参加劳动。

外国城市名

114. 举头望明月。
115. 乱开支。
116. 赛跑到终点。
117. 搜求良驹。

118. 故宫。
119. 天宫。
120. 企盼天明。
121. 孔融曰。
122. 耙地。
123. 万马奔腾。
124. 四夕。
125. 丰富的资源。

谜底

1.上海。2.无锡。3.天水。4.天津。5.长春。6.武汉。7.宁波。8.合肥。9.重庆。10.贵阳。11.洛阳。12.厦门。13.开封。14.桂林。15.苏州。16.青岛。17.海口。18.昆明。19.长沙。20.连云港。21.福州。22.香港。23.武昌。24.西安。25.沈阳。26.济南。27.大同。28.沙市。29.佛山。30.齐齐哈尔。31.温州。32.保定。33.赤峰。34.大冶。35.邯郸。36.新乡。37.南通。38.锦州。39.通化。40.营口。41.岳阳。42.蚌埠。43.烟台。44.吉首。45.湘乡。46.徐水。47.山海关。48.旅顺。49.宁都。50.修水。51.文成。52.太平。53.望江。54.高要。55.新会。56.古田。57.咸丰。58.广济。59.建水。60.通海。61.商城。62.上蔡。63.临夏。64.张家口。65.永宁。66.同心。67.达日。68.大足。69.聊城。70.长白镇。71.朝阳。72.包头。73.句容。74.射阳。75.常熟。76.高邮。77.丹阳。78.修文。79.赤水。80.柴达木。81.长安。82.四川。83.青海。84.吉林。85.江苏。86.西藏。87.玉皇顶。88.怒江。89.象山。90.甘肃。91.约旦。92.蒙古。93.日本。94.也门。95.越南。96.印尼。97.以色列。98.好望角。99.多哥。100.刚果。101.中非。102.乍得。103.加纳。104.埃及。105.瑞士。106.丹麦。107.冰岛。108.安道尔。109.海地。110.危地马拉。111.巴西。112.古巴。113.巴尔干。114.仰光。115.孟买。116.冲绳。117.罗马。118.名古屋。119.神户。120.巴黎。121.北海道。122.平壤。123.马赛。124.开罗。125.茂物。

第六单元 NO.6

□ 脑筋急转弯

　　同是回答问题，但做这类题与课堂上回答问题大有不同。因为这类题目有意模糊了所问的对象，故意让条件不足，即便想正常回答也不可能答对。你只有在常理之外去思考，"曲解"题目所给的情理条件才能回答出来。妙趣横生的答案给人们带来极大的快乐，使人们在笑声中也培养了善于观察、善于思考的好习惯，同时机智应变能力也得到了增强。

弯弯 I

　　1.公共汽车上，两个人正在热烈地交谈，可周围的人却一句话也听不到，这是为什么？

　　2.什么东西说"父亲"时不会相碰，叫"爸爸"时却会碰到两次？

　　3.一人加三人不是四人，那是多少人？

　　4.比眼大的东西是什么？

　　5.一个自讨苦吃的地方在哪里？

　　6.太平洋的正中间是什么？

　　7.最不听话的是谁？

　　8.新买的袜子怎么会有一个洞？

　　9.什么桥下没有水？

　　10.鸡蛋壳有什么用处？

　　11.大家都不想得到的是什么？

　　12.如果你想要使梦成为现实首先要做什么？

　　13.3个荷包蛋分给3个人吃，每个人都吃了1个蛋黄，却还剩下1个蛋黄，为什么？

　　14.什么路虽然四通八达，但就是不能走人？

　　15.芳芳在学校门口将学生证掉了，她该怎么办？

　　16.医治晕车的最好办法是什么？

　　17.一只蚂蚁从几百万米高的山峰上跌落下来会怎么死？

　　18.有一种东西，上升的时候同时会下降，下降的时候同时会上升，这是什么？

　　19.三人共撑一把小伞在街上走，却没有被淋湿，为什么？

　　20.谁最喜欢咬文嚼字？

　　21.什么布是用剪子剪不断的？

　　22.你在学校学到的知识越多，什么就会越少？

　　23.铁放在室外会生锈，那金子呢？

　　24.太阳和月亮在一起是哪一天？

　　25.一只瞎了左眼的山羊，在它左边有一块牛肉，在它右边有一块猪肉，请问它会吃哪一块？

　　26.什么东西请人吃没人吃，自己吃又咽不下去？

　　27.什么话可以世界通用？

　　28.好与坏的中间是什么？

　　29.一只狗总也不洗澡，为什么它不生虱子？

　　30.小明天天花很多钱，可最后他却成了百万富翁，为什么？

　　31.象棋与围棋的区别是什么？

　　32.有什么办法能让你在闭着眼睛的时候看到东西？

　　33.有一个人到国外去，为什么他的周围都是中国人？

　　34.什么杯人们喜欢看而不喜欢用？

最不听话的是谁？

35.做什么事，睁一只眼闭一只眼会比较好？

36.圣诞夜，圣诞老人放进袜子里的第一件东西是什么？

37.什么东西越生气越大？

38.打狗看主人，打虎看什么？

39.森林中有10只鸟，猎人开枪打死了1只，其他9只却都没有飞走，为什么？

40.在茫茫大海上漂泊了大半年的海员，一脚踏上大陆后，接下来他最可能做的是什么事情？

41.铁锤锤鸡蛋，为什么锤不破？

42.牛的舌头和尾巴在什么时候会碰到一起？

43.借什么可以不还？

44.有一样东西，你只能用左手拿它，右手却拿不到，这是什么东西？

45.火车由北京开到上海需要6个小时，行驶3个小时后，火车在哪？

46.怎样才能用蓝笔写出红字来？

47.纸上写着一个"人"字，不作任何改动，你能使"人"字变成一个"入"字吗？

48.老张二十多年一直卖假货，却没有人说他是奸商，为什么？

49.什么时候四减一会等于五？

50.时钟什么时候不会走？

51.今天卖报的老吴卖了100份报纸，但只收入几毛钱，为什么？

52.小明为何能用一只手让汽车停下？

53.什么船从来没下过水？

54.尖刀怎样才能变成大刀？

55.什么人始终不敢洗澡？

56.什么人每天靠运气赚钱？

答案

1.一对聋哑人在用手语交谈。

2.上唇与下唇。

3.很多人。一人加三人是"众人"。

4.眼皮。

5.药店。

6."平"。

7.辈子。

8.袜口。

9.立交桥。

10.用来包蛋清和蛋黄。

11.病。

12.醒来。

13.有1个鸡蛋是双黄蛋。

14.电路。

15.捡起来。

16.不坐车。

17.饿死。

18.跷跷板。

19.因为没有下雨。

20.蛀书虫。

21.瀑布。

22.不知道的东西。

23.会被偷走。

24.明天。

25.一块都不吃，它吃素。

26.亏。

27.电话。

28.与。

29.狗只能生狗。

30.他以前是亿万富翁。

31.象棋越下越少，围棋越下越多。

32.做梦。

33.是外国人到了中国。

34.奖杯。

35.射击。

36.自己的脚。

37.脾气。

38.看有没有胆量。

39.是一群鸵鸟。

40.踏上另一只脚。

41.锤子当然不会破。

42.在菜盘里。

43.借光。

44.右手。

45.铁轨上。

46.写一个"红"字。

47.拿着纸对着镜子看。

48.他卖假发。

49.四角的东西切去一个角。

50.时钟本来就不会走。

51.卖的是旧报纸。

52.他在打出租车。

53.宇宙飞船。

54.把"尖"字的"小"部去掉。

55.泥人。

56.气功师。

什么动物天天熬夜?
我不知道,我只知道
天天睡大觉。

弯弯 II

1.什么动物天天熬夜?

2.美丽的公主结婚以后就不挂蚊帐了,为什么?

3.每对夫妻在生活中都有一个共同点,那是什么?

4.什么东西有时穿男装,有时穿女装,有时穿童装?

5.早晨醒来,每个人都会做的第一件事是什么?

6.一个盒子有几个边?

7.有一种药你不用上药店买就能吃到,这是什么药?

8.什么枪能把人打跑却不伤人?

9.相同内容的书,为什么小高要同时买两本?

10.为什么自由女神像老站在纽约港?

11.小华是在下雨之前赶回家的,可到家时头发却湿了,这是怎么回事?

12.草地上画了一个直径15米的圆圈,内有牛1头,圆圈中心插了一根木桩。牛被一根5米长的绳子拴着,绳子没有被割断,也没有解开,为什么牛却能吃到圈外的草?

13.老师用篮子拿来了5个苹果,准备分给5个小朋友,每个小朋友分1个,但是篮子里还要留1个,请问怎么分?

14.为什么现代人越来越言而无信?

15.有一位刻字先生,他挂出来的价格表是这样写的:刻"隶书"20元;刻"仿宋体"30元;刻"你的名章"40元;刻"你朋友的名章"60元。那么他刻字的单价是多少?

16.有两个棋友在一天中共下了9盘棋,在没有和局的情况下他俩赢的次数相同,这是怎么一回事?

17.一个并非神枪手的人手持猎枪,另一个人将一顶帽子挂起来,然后将持枪人的眼睛蒙上,让他向后走10步,再向左转走10步,最后让他转身对帽子射击,结果他一枪打中了帽子,这是怎么一回事?

18.谁的脚常年走路不穿鞋?

19.有两个孩子的父母相同,出生年月日也完全相同,但他们并不是双胞胎,他们是什么关系?

20.报纸上登的消息不一定百分之百是真的,但什么消息绝对假不了?

21.6岁的小明总是喜欢把家里的闹钟弄坏,妈妈为什么总是让不会修理钟表的爸爸代为修理?

22.在什么时候更能确定自己是一个中国人?

23.有10个小印章,依次刻有1~10这10个数字,现在要在10个大小和颜色都相同的球上分别印个记号,至少要用几个印章才能把每个球区分开来?

24.小华今年才10岁,却经常掉头发,为什么?

25.两个人同时来到了河边,都想过河,但却只有1条小船,而且小船只能载1个人,请问,他们能否都过河?

26.气球内有空气,那游泳圈内有什么?

27.什么地方你保证能找到"幸福"?

28.有一种地方专门教坏人,但没有一个警察敢对它采取行动进行取缔,这是什么地方?

29.什么东西天气越热,它爬得越高?

30.有一个小偷看见那儿有一辆小车,他为什么不偷?

31.谁天天去看病?

32.什么照片看不出照的是谁?

33.爸爸什么时候像个孩子?

34.王老太太整天喋喋不休,可她有一个月说话最少,是哪一个月?

35.天上下着雨,为什么地上是干的?

36.小张被关在一间并没有上锁的房间里,可是他使出吃奶的力气也不能把门拉开,这是怎么回事?

37.在一次考试中,一对同桌交了一模一样的考卷,但老师认为他们肯定没有做弊,这是为什么?

38.一个大热天,小胖买了半个西瓜回家。他家里没有冰箱,他怎样做才能使西瓜不会变坏呢?

39.有个人说用牙齿可以判断鸡的大致年龄,为什么?

40.黑鸡厉害还是白鸡厉害,为什么?

41.在"一"字上面画上两横,可以成为一个"三"字,还可以成为一个什么字?

42.什么职业一进去就会被人说"老"？

43.妈妈把一头漂亮的长发剪短了，可是回到家里却没有人发现，为什么？

44.什么时候四减三会等于五？

45.为什么一瓶标明剧毒的药对人却无害？

46.有两名同班同学的姓名完全一样，老师每次点名，却从来没有把他俩混淆过，这是为什么？

47.小明和小华都喜欢打羽毛球，但由于他们都不喜欢对方，所以坚决不肯一起比赛，你有办法知道他们谁能打赢对方吗？

48.桌子上有蜡烛和煤油灯，突然停电了，你该先点燃什么？

49.小明的爸爸有3个儿子，一个叫大毛，一个叫小毛，第三个叫什么？

50.警方发现一桩智慧型的谋杀案，现场没有留下任何线索，也没有目击者，但警方在一小时后宣布破案，为什么？

51.有一根棍子，要它变短，但不能锯断、折断或削短，该怎么办？

52.什么东西越洗越脏？

53.小明每天写信给他的朋友，且每天寄出7封，但他的朋友小凯，每天却只收到1封信，为什么？

54.什么时候，时代广场的大钟会响13下？

55.王先生养了一只很漂亮的孔雀，有一天，王先生的孔雀在隔壁李先生的花园里生了一个蛋，请问这个蛋是属于谁的？

56.小刚从5000米高的飞机上跳伞，过了2个小时才落到地面，为什么？

57.有一只蜗牛从新疆维吾尔自治区爬到海南省为什么只用了3分钟？

58.什么事你明明没有做却要受罚？

59.有一个人经常从10米高的地方不带任何安全装置跳下，为什么？

60.小王因工作需要常交际应酬，虽然每天都很早回家，可妻子还是抱怨不断，这是为什么？

61.车祸发生不久，第一批警察就赶到了现场，他们发现司机安然无恙，倾覆的车子内外血迹斑斑，却没有见到死者和伤者，而这里是荒郊野外，并无人烟，这是怎么回事？

62.胡瓜一大早起来看见地上躺了一大堆尸体，为什么他毫不在意也不害怕？

63.阿毛在街上散步时见到一张百元大钞和一块骨头，阿毛却捡了一块骨头，为什么？

如果我的腿下能长一个轮子，我会做什么？

答案

1.熊猫。因为熊猫的眼圈都熏黑了。2.她嫁给了青蛙王子。3.同年同月同日结婚。4.衣架。5.睁眼。6.两边、里边和外边。7.后悔药。8.水枪。9.送人。10.她不能坐。11.他是跑着回来的，头出汗了。12.牛没拴在木桩上。13.其中一个小朋友的苹果放在篮子里。14.不用写信，直接打电话。15.每字10元。16.他们俩分别和别人下。17.帽子挂在枪口上。18.动物的脚。19.多胞胎中的两个。20.年月日。21.爸爸"修理"小明。22.学外语的时候。23.一个。用刻有"1"字的印章分别在各球印上1画到10画即可。24.他经常剪头发。25.能，两人分别在两岸。26.人。27.在字典里。28.看守所。29.温度计。30.那是他自己的车。31.医生。32.X光照片。33.在爷爷面前时。34.二月。35.因为是室内。36.因为要打开此门应推而不应拉。37.都交的是白卷。38.把它吃进肚里。39.牙可以嚼出肉的老嫩。40.黑鸡厉害。黑鸡能生白蛋，而白鸡不能生黑蛋。41."二"字。在"一"的上方画一横后，再在这一横上面叠画上一横，就成了"二"字。42.老师。43.家里没人。44.算错的时候。45.人不喝就不会中毒。46.因为他们俩名字中有一个字是多音字，写时姓名一样，叫时却不同。47.让他们分别与别人比赛，经由第三者来决定胜负。48.火柴。49.小明。50.凶手自首了。51.找一根长棍子和它比。52.水。53.小明有7个朋友。54.该修的时候。55.孔雀的。56.挂在树上了。57.在地图上爬。58.做作业。59.他是跳水运动员。60.小王每天凌晨回家。61.这是一辆献血采集车。62.昨天他喷洒了杀虫水，今天早上蟑螂全死掉了。63.阿毛是一只狗。

✏️ **弯弯Ⅲ**

1. 有一条异常凶猛的大眼镜王蛇，但无论如何去激怒它，它都不咬人，为什么？

2. 小李昨天下午去电影院看一场被炒得很火的电影，到了电影院却没看到半个人，为什么？

3. 小王在一个月黑风高的晚上走上街头，迎面过来了飞车，他站在两个车灯中间，车子呼啸而过，人竟毫发无损，为什么？

4. 一场大雨使忙着栽种的农民纷纷躲避，却仍有一人不走，为什么？

5. 任何物体在灯泡和阳光下都会有影子，你见过最大的影子是什么？

6. 小花站起来同饭桌一样高，两年之后，却还能在桌子下活动自如，为什么？

7. 经理不会做饭，可有一道菜特别拿手，是什么？

8. 超超说他能轻而易举地跨过一棵大树，他是怎么跨过的呢？

9. 最坚固的锁怕什么？

10. 汽车在右转弯时，哪只轮胎不转？

11. 到山里野营的小明突然想吃泡面，便架起锅来烧水。水烧开后才发现带的泡面已吃完了，急忙下山到杂货店去买。30分钟后返回，发现锅里的热水全都不见了。这究竟是为什么？

12. 一只凶猛的饿猫，看到老鼠，为何拔腿就跑？

13. 打什么东西既不花力气又舒服？

14. 一个人想在一夜之间变成百万富翁，他该怎么办？

15. 各种汽车通常开出后，只要没有停下，都会变得越来越轻，为什么？

16. 一只鸡，一只鹅，放在冰箱里，鸡冻死了，鹅却活着，为什么？

17. 平平把鱼放在鱼缸里，可不到十分钟鱼都死了，这是为什么？

18. 有一种水果，没吃之前是绿色的，吃下去是红色的，吐出时却是黑色的，请问这是什么水果？

19. 什么地方开口说话就要付钱？

20. 什么越冷越爱出来？

21. 小明拿了100元去买一个75元的东西，但老板却只找了5元给他，为什么？

22. 什么东西像你的手指甲？

23. 黄皮肤的人是黄种人，绿皮肤的人属于哪一种？

24. 青春痘长在哪里，你比较不担心？

25. 1、2、3、4、5、6、7、8、9中，哪个数字最勤劳，哪个数字最懒惰？

26. 美国人登陆月球，说的第一句话是什么？

27. 阿里巴巴与四十大盗的故事是东方夜谭还是西方夜谭？

28. 有什么办法能使眉毛长在眼睛的下面？

29. 什么酒不能喝？

30. 一座大厦发生火灾，陈先生逃到顶楼后，想跳到距离只有1米的隔壁楼顶，结果却摔死了，为什么？

31. 小红和妈妈都在一年级，为什么？

32. 什么鱼不能吃？

33. 大雁为什么往南飞？

34. 什么英文字母很多人喜欢听？

35. 请问一般读完"清华大学"需要多少时间？

36. 好马为什么不吃回头草？

37. 谁是兽中之王？

38. 只能一个人去做的事是什么？

39. 什么池不能洗澡啊？

40. 为什么停电了，还能看电视？

41. 拿着鸡蛋扔石头，但鸡蛋却没破，为什么？

42. 一个婚姻破裂的男人，拿着一把刀，请问他想干什么？

43. 有一个字，我们从小到大都念"错"，那是什么字？

44. 一块普通手表刚掉到大海里，它会不会停？

45. 小明正在吹电扇，为什么还是满头大汗？

46. 什么书中毛病最多？

47. 一斤棉花和一斤铁块，哪一样比较重？

48. 阿勇做事总是拖泥带水，但还总能得到领导的表扬，这是为什么？

49. 在一个夜黑风高的夜晚，小明遇见一个鬼，那个鬼落荒而逃，为什么？

50. 为什么两只老虎打架，非要拼个你死我活？

51. 你只要叫它的名字就会破坏它，它是什么？

52. 什么人的成绩有最多的"0"？

53. 怎样才能最快地使你变成一个完全讲外语的人？

54.孔子与孟子有何不同？

55.蝎子和螃蟹玩猜拳，为什么它们玩了两天，还是分不出胜负呢？

56.一个小圆孔的直径只有1厘米，但有一种体积达100立方米的物体却能顺利通过这个小孔，请问这是什么物体？

57.身子里面空空洞洞却拥有一双手的是什么？

58.什么时候太阳会从西边出来？

59.什么贵重的东西最容易不翼而飞？

60.为什么母鸡都是短腿？

61.制造日期与有效日期是同一天的产品是什么？

62.纸上写着某一份命令，但是看懂此文字的人，却绝对不能宣读命令。那么，纸上写的是什么呢？

63.你姨父的姐姐的堂弟的表哥的爸爸是你的什么人？

64.吃苹果时，咬下一口……发现竟有一条虫，觉得好可怕；看到两条虫，更加可怕；但看到几条虫时，才会让人觉得最可怕？

65.在一个寒冷的冬日清晨，有一位西装革履的先生在河里拼命游水，你说这是为什么？

66.先有男人，还是先有女人？

汽车在右转弯时，哪只轮胎不转？

答案

21.他只给了老板80元。

22.脚指甲。

23.新品种。

24.别人脸上。

25.2最勤劳，1最懒惰，因为"一不做，二不休"。

26.美国话。

27.都不是，是《天方夜谭》。

28.倒立。

29.碘酒。

30.因为高度相差太大。

31.妈妈是一年级老师。

32.木鱼。

33.因为走着去太慢了。

34.CD。

35.大概一秒钟。

36.后面没有草可吃了。

37.动物园园长。

38.做梦。

39.电池。

40.看不了电视节目但可以看着电视机。

41.鸡蛋还拿在手里，只扔了石头。

42.准备学着做饭。

43."错"字。

44.不会停，它会一直沉下去。

45.他在吹电扇，电扇没吹他。

46.医书。

47.一样重。

48.阿勇是泥瓦匠。

49.那是个胆小鬼。

50.没有人敢劝架。

51.沉默。

52.每科考试都考到100分的人。

53.到外国去讲中文，中文就变成了那个国家的外语。

54.孔子的子在左边，孟子的子在上边。

55.它们两个都只会出剪刀。

56.水。

57.手套。

58.发誓的时候。

59.人造卫星。

60.这样鸡蛋才不会摔破。

61.报纸。

62.不要念出此文。

63.亲戚。

64.半条虫，因为你已经吃掉了半条。

65.他落水了。

66.先有男人，因为男人又叫"先生"。

1.因为它住在一片根本没有人的森林里。

2.本来就没有半个人。

3.飞车不是汽车，而是两辆摩托车。

4.那是稻草人。

5.地球的影子：夜晚。

6.小花是一条狗。

7.炒鱿鱼。

8.因为那是一棵被伐倒的树。

9.钥匙。

10.备用胎。

11.因为热水都变成冷水了。

12.去抓老鼠。

13.打瞌睡。

14.做梦吧。

15.因为车里的汽油越用越少。

16.那是只企鹅。

17.鱼缸内没有水。

18.西瓜。

19.电话亭。

20.鼻涕。

第七单元 NO.7

IQ侦探

很多小朋友都看过福尔摩斯、柯南等一系列的侦探故事，机智过人的福尔摩斯和柯南也成了不少小朋友心目中的偶像。我们在这个单元给大家准备了好多各种类型的侦探、断案小故事，希望大家能够从中学到知识，进而增长自己的智慧。你想成为一个出色的小侦探吗？赶快进入这个单元吧。

诬陷哑人案

有个姓王的百姓，打死了人，却诬陷哑人高某。由于有众人的证词，就成了定案，县官就治了高某的罪。后来，太守复审时，高某只是点头，一句话也不说。小吏问："你是认罪服法了吗？"太守看到他脸上露出痛楚的表情，好像在磕头而不是点头，而且他上身直挺挺地跪着，并不像其他人那样伏在地上，觉得十分可疑。仔细一查看，果然其中有诈。

你知道太守最后查出了什么吗？

小偷老手

李先生一家从苏杭旅游回来，发现家中被人搜掠一空，衣柜抽屉全被打开了。李先生一边查看抽屉一边想，这个小偷一定是个老手。

你知道李先生为什么认为小偷是个老手吗？

追踪逃犯

一个秋天的晚上，一名囚犯越狱潜逃，翻墙跳到外面的空地上，朝牧场方向逃跑了。雨后泥泞的空地上清晰地留下了逃犯的脚印。于是，警察选了一条优秀的警犬嗅了墙外空地上囚犯的足迹的气味后，马上径直追向牧场。可是，不知为什么，警犬中途突然停了下来，左转转，右转转，不再前进。然而，越狱逃犯并没有骑牧场的牛，也没有换掉脚上的鞋子。

你知道罪犯是用什么办法摆脱了警犬的追踪吗？

神秘凶手

一天下午，臭名远扬的黑社会头目在自己的别墅里遇害。他在沙滩晒日光浴时，竟被海滩伞的伞柄刺穿了腹部。他的保镖这天正好有事外出，一小时后回来就发现老大横尸在沙滩上。保镖观察现场，发现沙滩上非但没有凶手的足印，就连被害者的足印也不见一个。负责侦查这件命案的警官小叶，发现被害者庭园内的桌椅东歪西倒，于是释然地说："所谓'天网恢恢，疏而不漏'，既然人治不了他，那就只有让天来惩罚他吧！"小叶引用中国格言，巧妙地说出了杀人凶手。

你知道神秘凶手是怎样杀死黑社会老大的吗？

智认偷鸡贼

古时候，有一个人到县衙控告别人偷了他的鸡，县令便把他的左邻右舍传来审讯。邻人都低着头跪在案桌前，但谁也不承认自己偷了鸡。县令胡乱问了几个问题后，说："你们暂且先回去。"正在众人纷纷站起来要走时，县令突然拍案大喝了一句，偷鸡的人不由自主地颤抖着双腿，屈膝跪在地上。

你知道县令大喝了一句什么话吗？

特务越狱

英国特务詹姆斯到德国偷取情报时，不幸失手被擒，被关进了一个阴森森的监狱里。正当他在想办法越狱时，突然从远处传来警报声，所有的守卫前往增援。詹姆斯利用这个时机，成功地逃走了。

詹姆斯当时身上只有一个打火机和一粒以子弹为吊坠的项链，你认为他会用什么方法逃出牢房呢？

大脚男人

陈先生因为女友莉莉骗了他的钱财，决心报复并杀害她。一个初春的周末，他将莉莉杀害后，为了混淆脚印，特意穿着莉莉的小高跟鞋逃离了现场。陈先生身材十分高大，更以大脚见称，他要穿46号的鞋。莉莉则恰恰相反，她个子矮小，只能穿35号的小高跟鞋，所以陈先生的大脚，绝不可能塞得进那双细小的高跟鞋。

你知道他是怎样穿着莉莉的鞋逃走的吗？

借庙断案

乾隆五十九年，在建德县有一个童养媳，丈夫出去做买卖后，婆婆对她很不好，尤其是小姑，经常仗着母亲的袒护欺侮她。一天，姑嫂之间发生口角，小姑就把毒药放到粥里想毒死嫂嫂。婆婆不知道，喝了以后七窍流血而死。小姑非常狡猾，转而诬陷嫂嫂，众人相信了。县令却很怀疑，审讯时就把大堂设在庙里，把两个女子放在同一屋里，派人窃听。半夜，小姑果然招认了。

你知道县令是怎么让小姑招认的吗？

答案

◆诬陷哑人案

真正的罪犯王某事先用一根木棒绑在高某的腰际，以致他身体的膝盖以上部分不能弯曲。因为高某是哑巴，只能磕头示冤，而这样磕头申冤，就好像是在点头认罪。众人都受了罪犯的贿赂而不敢说出真相。

> 我宣布，哑人高某是冤枉的。

◆小偷老手

因为抽屉全被打开了，小偷肯定是由下向上逐一拉开的。如果按照由上向下的顺序拉开，上面的抽屉必定会妨碍搜掠下面的抽屉，因而必须把上面的抽屉先关上。所以小偷一定是老手，才懂得由下往上开抽屉。

◆追踪逃犯

越狱犯逃进牧场时，地面上有很多牛粪，他的两脚不断地踩着牛粪，牛粪的气味就掩盖了逃犯原有的脚的气味。

◆神秘凶手

这位神秘的凶手就是旋风。插在桌旁的太阳伞被突发而至的旋风卷起，刚巧落在熟睡的黑社会头目身上，把他插死了。

◆智认偷鸡贼

县令大喝："贼也敢起来走啊！"

偷鸡贼由于做贼心虚，在出其不意的威吓下，往往会表现得很惶恐，从而露出马脚。

◆特务越狱

詹姆斯把子弹里的火药填到锁孔里，再点火将锁炸烂，然后逃出牢房。

> 你们的答案与正确答案一致吗？

◆大脚男人

陈先生是用手套着莉莉的35号高跟鞋，倒立着离开现场的。即使是个脚很大的男人，只要用手，仍然可以套进小高跟鞋。

◆借庙断案

县令在庙里安置了人，半夜装神弄鬼吓唬二人。心虚的小姑忽然惊叫："罢了罢了！是我投的毒，我不敢假装了！"

真正的凶手

王先生从窗户的缝隙中，看见邻居家发生了一宗凶杀案。据王先生说，疑凶几次闪身经过窗前，所以他能清楚地记得，疑凶是一个脸型瘦削的人。但后来竟有一个圆脸的人到警察局自首。

你认为到警察局自首的人是真正的凶手吗？

密室人命案

一个夏天的夜晚，一幢独门独院的别墅里，一犯罪团伙的头目被枪杀。第二天早晨尸体被发现，凶器是丢在尸体旁边的一支手枪。可是，那间房子的门是从里面反锁着的。面积狭小的窗户从里面插着插销，并且窗外是很坚固的铁条防盗护栏。只有窗户下角的玻璃坏了一块，那里已经拉了一张蜘蛛网，连一只苍蝇也别想出入。也就是说，这是一个完完全全的密室。

你能推断出犯罪嫌疑人是如何枪杀了团伙头目的吗？

智断杀人凶手

有一个人因争抢渔船而被打死。死者致命的伤在右肋。由于是群架，牵扯到很多人。拘捕来那么多嫌疑犯，狱吏却迟迟想不出一个找出真凶的好办法。郡守在细细地审阅了案子后，就亲自来到监房，把众囚犯提上来，去掉了他们的枷锁，让他们坐在大庭之中，端上酒食慰劳他们。吃完后，郡守便命令他们都回监狱去，唯独留下一个人。

被留下的人非常惶恐，不知怎么办，郡守对他说："杀人的就是你！"

你知道郡守是怎么判断出来的吗？

偷牛案

有一天，牧场主彼得向警局报案，说是有两头小牛被偷。警局派出人马到处寻找，一直无法找到。过了一年，有个警察在巡逻时，发现一名男子行为可疑。经过审问得知，这男子叫亨利，有偷牛的嫌疑。搜查他的牧场，发现有6头牛，都是大牛，但牛身上没烙印，颜色也差不多。警局请彼得来认牛。彼得赶到后，向警方提供了证据，证明其中有两头就是自己被偷的牛。

你知道彼得提供的证据是什么吗？

真实的谎言

警方正在调查一起凶杀案。唯一的目击者声称，那天晚上正好是农历十六，她借着月光看见一个穿深灰色羽绒服的人从作案现场走出，身影极像邻村的马某。可是，经过调查，马某只有一件橙黄色的羽绒服，而且从未穿过深灰色的羽绒服。警方一度认为，证人可能看错了。不过，最后马某还是被警方以杀人罪逮捕了。

你能推断出马某是怎样把羽绒服的颜色换掉的吗？

盗窃疑犯

警方跟踪疑犯李大已经有一段日子了。这个星期天，跟踪他的警员发现李大到郊外去钓鱼。他钓鱼的方法十分特别，将一只水靴吊在鱼竿上，放入河中，然后过一段时间把水靴扯起来。用这种奇怪的方法钓鱼，其中必定隐藏着什么秘密。所以，跟踪的警员把整个过程都拍摄下来了。不过，一个糊涂的警员却把晒出来的照片调乱了。

你能把照片正确的排列顺序说出来吗？

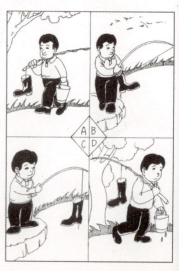

钥匙的藏处

警察接到报案，铃木家里没人时，现款和金银首饰被洗劫一空。看起来盗贼是从大门登堂入室的，但门上着锁，也无被撬的痕迹。实际上，失主铃木家的房门钥匙并非是谁带在身上，而是藏在房门前一个外人不易找到的地方。"藏在什么地方了呢？"警察问道。可听了失主的话后，警察便觉得罪犯就是失主家里的人。

你能说出房门钥匙到底藏哪儿了吗？

悬崖伏尸

冬天，在一个陡峭的悬崖下，有游人发现了一具男性尸体，崖上发现的一只男皮鞋是死者的。被发现的男尸身穿大衣，满身伤痕，穿着一只鞋，鼻子上架着太阳镜。警方前来调查，搜索一番后，认为是自杀案件，决定收队。在搬运尸体时，探长站在一旁，突然大叫道："慢着，这并非是自杀案，而是谋杀案，尸体是被人搬到此处，伪装成自杀的。"

你能推断出探长为什么肯定这是一宗谋杀案吗？

答案

我一定要抓到凶手！

◆真正的凶手

到警察局自首的人的确是凶手。他虽是圆脸，但也是王先生所见到的瘦削的人。由于王先生从窗户的缝隙看见疑凶，而且疑凶快速地闪动，王先生产生错觉，将圆脸的疑凶看成瘦削的脸了。

◆密室人命案

犯罪嫌疑人从破玻璃洞口伸进手枪开枪打死头目，随后将手枪扔进室内逃跑了。犯罪嫌疑人当时还将几只蜘蛛放在窗台上，其中一只蜘蛛在天亮时又拉了一张网，使房间像个密室，并且凶器又在室内，造成了团伙头目在室内开枪自杀的假象。

◆智断杀人凶手

死者致命的伤在右肋，因此可以推断出杀人者是左撇子。大家吃饭都用右手拿筷子，而他却用左手。这就是他杀人的证明。

◆偷牛案

牛的鼻纹和人的指纹一样，每头牛的鼻纹彼此都不同，彼得曾经给自己的小牛留有鼻纹档案。

◆真实的谎言

你可以亲自做一个试验。在月光下用肉眼观察，就会把橙黄色看成深灰色。

◆盗窃疑犯

相片次序为ACBD。B图可见鱼竿弯曲，证明水靴里面装了水，D图可见水桶滴水，并且较重。

◆钥匙的藏处

在狗的脖圈中。钥匙的隐藏地点是外人想象不到的。谁能想到钥匙会藏在狗的脖圈中呢？即使有人注意到了，可这只狗是受过训练的，主人家以外的人是很难靠近的。所以空宅也就万无一失了。如此说来，能顺利取走钥匙的只能是失主家里的人。

◆悬崖伏尸

探长发现死者还架着一副太阳镜。假使是自杀，由悬崖跳下去的时候，眼镜应该会滚掉，不可能还架在鼻子上。悬崖上的一只鞋，只是行凶者掩人耳目，混淆视听而已。

雪证人

A对B早已怀恨在心，企图杀死B。一天晚上10点，A开车到B家，将B杀死。这时开始下雪了。大约10点45分，A用B家电话报警说："我和B约好10点45分见面，我如约前来，发现B已被人杀死。"警察来后一看，二话没说，逮捕了A。

你知道为什么吗？

逃跑的杀人犯

森姆是个杀人犯，被判终身监禁，他多次密谋越狱都失败了。某天，当狱警通知他，有人要探访他时，却发现他已经失踪了。而监狱不远处的一个地方灯火通明，好像正在举行宴会。先不说森姆是怎样逃出监狱的，因为在这方面他向来是个老手。问题在于他穿着囚犯的制服怎么可能走远呢？

你知道森姆穿着制服去哪了吗？

神偷与钻石

古时候，埃及女王的皇宫里有三颗价值连城的钻石。她为了防止被人偷去，便在装钻石的盒子里放了一条活生生的毒蛇，若被它咬一口就必死无疑。有一天晚上，神偷哈利潜进皇宫里偷取钻石。他没有让毒蛇从箱子里面钻出来，也没有用任何方式接触到毒蛇，而他手上更没戴上保护手套。当他成功地偷取到钻石后，盒子与毒蛇仍保持着与偷取前一样的状态。

你知道神偷哈利是如何偷取钻石的吗？

劫匪的圈套

惯犯库克和比尔劫了一辆运钞车。就在两人庆幸得手的时候，身后响起了一阵警笛声，得到指示的警车追了上来。

摩托车没油了，两人只得弃车逃入农田。路过一座农舍的时候，库克发现农舍的主人大概种田去了，里面空无一人，农舍外有口很深的古井，便立刻想到了一个办法。他对比尔说："我们如果一直这样跑，终归是要被抓住的，不如躲到农舍里去。我假装是农舍的主人，一会儿警察来的时候，你就用防水袋套住钱，含上根吸管，躲到水里去。要是我不幸被抓住，那么钱就全部归你了。"

比尔有点犹豫："这样行不行呢？警察恐怕没有那么好愚弄吧，再说井水那么深……"

库克打断了他的话："蠢货，难道你想被抓住吗？井水深怕什么，我会给你一根很长的管子的。"听到远处隐约响起来的警笛声，比尔只好同意了。库克把一根长5米、口径不足2厘米的管子交给比尔，帮他捆扎好钱放入井里，自己却没有像他说的那样装扮成农舍的主人，而是到田地里躲藏起来。

半小时后，警察开始搜查这座村庄。虽然库克隐蔽得非常好，可是警犬还是凭借灵敏的嗅觉迅速找到了他。当警察把比尔打捞上来的时候，却发现他早就溺死了。警官询问了比尔躲到井下的前后经过，对库克说道："你真是心狠手辣啊，为了独吞钱财而杀了他。现在，你除了抢劫，又添了一项故意杀人的罪名。"

你知道警官为什么这么说吗？比尔好好地待在井底，为什么说是库克杀了他呢？

推断盗窃犯

一天，上任不久的新警员又向老警官求助。新警员简要地陈述了案情：某月某日晚11点，某商店被窃去了大量的贵重物品，罪犯得手后携赃驾车逃走。现在逮捕了A、B、C三名嫌疑犯，而且已经确证除了这三个人，绝对不会是其他人。此外，经过调查，还得到以下情况：

1. C假如没有A做帮凶，就绝不可能到该商店行窃。

2. B不会驾车。

那么，A究竟有没有到该商店行窃？老警官听完新警员的叙述后，马上得出了正确的结论。

你知道老警官是如何分析的吗？

消失的弹头

在一家大酒店里，黑社会头子阿曼被人发现死在房内。警方到场调查，发现了一个十分奇怪的现象：死者的胸口有一处伤痕，似乎是被子弹射中而引起的，伤口深达10厘米。但是，随后的解剖却发现，死者体内并没有子弹头。这是不可能发生的事。死者的伤口明明是子弹射入而造成的，但子弹头为什么会不翼而飞呢？警方侦查后，发现凶手可能是一名职业杀手。他杀人之后，不想留下任何线索，因而使用了一种特制的子弹。

你认为凶手使用了什么特制的可以消失的子弹呢？

> 消失的弹头到底是什么做的呢？

失败的测谎机

警方逮捕了一名涉嫌抢劫银行的男子，并对他做了测谎试验。但是不管警方问什么问题，他都十分平静地回答四个字："我不知道。"所以，根据测谎机测试的结果分析，这名男子并不是真正的罪犯。可是，后来收集到的物证表明，这个脸上有一道长疤的男子的确是罪犯。

既然测谎机没有出现机器故障，却为何测不出他的谎言呢？

汽车人命案

东尼是一名职业司机。一天，他被人发现死在了小轿车内。尸体经法医检验，证实死者是由于吸入一种剧毒气体而致死的。但警方调查显示，当天清晨，除了死者，没有任何人走近过小轿车，小车内，也没有发现任何装置气体的容器和药物。不过，在事发前，死者的汽车因有毛病而需要找人修理，但这似乎和此案并没有太大关联。

那么，死者是如何吸入毒气致死的呢？毒气又是从何处喷出来的呢？你能推断出来吗？

答案

◆ **雪证人**

因为警察发现雪地上没有汽车轮胎走过的痕迹，证明A说的10点45分到B家肯定是谎话。雪是10点钟开始下的，所以警察认定作案者就是A。

◆ **逃跑的杀人犯**

举行宴会的地方正在举办一场化装舞会，森姆穿着囚犯的制服进去也不会引起人们的怀疑。在散席前，他溜到主人房中，偷换了一套衣服逃走了。

◆ **神偷与钻石**

神偷先把盒子倒放，然后把盖子拉开一点点，仅仅使三颗钻石掉出来，这样就不会接触到毒蛇了。

◆ **劫匪的圈套**

管子不足2厘米宽，却有5米长。在这样狭窄的空间里根本无法完成空气交换，比尔吸入的正是他自己呼出的废气，所以在井水里溺死了。库克想借这个机会除掉比尔，自己可以独吞劫款，可他的奸计还是被聪明的警察识破了。

◆ **推断盗窃犯**

A是盗窃犯。如果B不是罪犯，那么A或C就是罪犯。又因C只有伙同A才能作案，所以，A必定有罪。如果B是罪犯，但因为他不会驾车，所以他必须要求助于A或C才可能作案。又因C只有伙同A才能作案，所以A也应有罪。

◆ **消失的弹头**

凶手使用的子弹的确是特制的，他把与死者血型相同的血液急冻变成固体，再做成子弹头，然后发射。由于死者的体温使血液弹头溶化了，结果子弹头就消失了。

◆ **失败的测谎机**

对于得了健忘症或失忆的人，测谎机就失去了准确度。

◆ **汽车人命案**

车胎事先已被修车人灌足了毒气，当司机取车时，发现车胎太胀，于是把车胎里的气放出一些，毒气便从车胎内泄出，司机吸入后中毒身亡。

跳楼自杀案

深秋时节，有一名女子从大厦天台跌落而亡。但法医检查后，发现死者是先被人用硬物从后面击中头部，然后再从天台跌下的。经过警方多方面调查，死者从天台跌下时，天台上并无其他人出入。死者附近只有一块长长的湿木板，所以不能判断这宗案件的性质。

你认为死者是不是自己从天台上跳下来的呢？

王丽的死因

南方某地，夏天的晚上特别热，人们大都是铺凉席睡在地上。一天早上，人们发现一直守寡的王丽死在家中，便立即向警方报了案。警方马上开始进行调查。据群众反映，王丽在丈夫死后，一个人含辛茹苦地供养独生女上大学。她很本分，和附近居民相处得非常融洽，绝对没有仇人。于是，警方便把自杀、情杀、仇杀和谋财害命的可能排除掉。这样一来，警方不得不从另一方面着手调查。经过对尸体的重新检查，发现死者脚腕上有一伤口，至此本案便有了结果。

你知道王丽是怎么死的吗？

褡裢袋的故事

会宾酒楼今天的生意不错，有个人喝完酒后，留下一个褡裢袋而去。酒保从桌面下的横木上取下褡裢袋，等着失主来领。褡裢袋里面有二两银子、数十文铜钱。一会儿，那个人果然回来了，他打开褡裢袋看了一下，忽然诬赖说："我的袋里原来有四百两银子，铜钱将近二百，为何就剩这么点儿了呢？"酒保大呼冤枉。旁边有一个客人问："你的褡裢袋是搭在桌面下的横木上的吗？"那个人说是。然后客人对酒保说："你拿没拿他的东西，我马上就能判断出来。"一会儿，客人果然用事实证明了酒保的清白。

你知道客人用的是什么方法吗？

毁灭证据

一天，尤利悄悄地潜入了一所住宅，翻箱倒柜地搜寻他的商业犯罪文件。不过，他搜遍了每一个角落，都没有找到这些文件。于是，尤利决定毁灭这些证据，不让它们落入警方之手。他先把所有的门窗都小心地关好，再把冲凉房的煤气打开，然后悄悄地离开了这所住宅，并轻轻地关上了大门。5分钟后，尤利打电话给住在该屋隔壁的邻居，大致说他家附近发生了严重的火灾，请尽快逃命之类的暗示。放下电话，尤利阴险地一笑，因为他知道自己的目的就快达到了。

你知道尤利想用什么手段毁灭不见踪影的证据吗？

妙计逃跑

在一个不是很大的乡村，有一条单行铁路支线。警察在追捕一个逃犯，所有的路口都被封锁了。逃犯的驾车技术虽然十分高超，但也无济于事，只好钻进封锁圈，成了瓮中之鳖。来到铁路支线的无人道口时，正好横杆放下了，逃犯只好停车焦急地等待末班夜车通过。就在这时，逃犯心生一计，依该计，他既没有受到封锁线的阻截，又摆脱了警察的追踪。

你知道逃犯想的是什么妙计吗？

懒惰的人

夏季到了，某工厂为了清洁烟囱，特地聘请了3个工人，分别是张三、李四和陈七，并停工一日。可惜所聘请的3个人中，有一个是非常懒惰的人。早上，他们3个人穿着整齐的工作服到达工厂开始工作。过了几个小时，他们同时走出烟囱，3个人的样子都不同：张三的衣服、双手及抹布均染满油渍；李四的衣服及抹布尽黑；陈七的衣服只有少许污渍，但脸上却很脏。工厂负责人指着陈七说："你没有抹过烟囱。"

你认为工厂负责人说得对吗？理由是什么？

答案

◆ **跳楼自杀案**

这是一宗谋杀案。凶手先将死者击倒，然后把她放在木板的一端，在木板的另一端放置了一块大冰块。放有死者的木板那端悬空在天台外面，当冰块融化后，木板就会倾斜，死者自然就会从天台跌下，造成自杀的假象。

◆ **王丽的死因**

这只是一次意外事故。王丽是被毒蛇咬了一口，因家中无人，未得到及时救护而死亡的。

◆ **褡裢袋的故事**

客人从自己的钱袋里取出四百两银子和二百文铜钱，放到褡裢袋中，褡裢袋被撑得满满的，两端不能下垂，也就不可能搭在横木上了，由此证明了酒保的清白。

◆ **毁灭证据**

尤利施放了满屋的煤气，再打电话惊动左右的邻居，目的是想制造混乱。人在逃生时，下意识中都会呼唤左右隔壁的人一起逃走，只要一按电铃，尤利的目的就会达到。因为电铃的火花是点燃煤气的好工具，若屋内发生爆炸，证据必然会被全部销毁。

◆ **妙计逃跑**

警察只封锁了公路路口，逃犯将车开上铁路线沿铁路逃跑了。逃犯开车时，一侧车轮压着铁轨，另一侧车轮在枕木上走。因为跟在末班车后面，所以即使是单行线也不会与列车相撞。

啊，这么多题目，猜得我都快累死了！

◆ **懒惰的人**

清洁过烟囱的人不可能衣服上只有少许油渍。陈七脸上的灰是他故意弄的，目的是为了蒙骗工厂负责人。

第八单元NO.8

智慧故事

亲爱的小读者，你们知道吗？古今中外有许许多多以智慧著称的故事，这些故事能给我们以启迪，使我们的大脑更聪明，进而促进我们的成长。在接下来的时间里，你不妨开动脑筋，和故事中聪明的主人公一起来思考问题吧。相信我，一定会有收获的！

隆冬猜谜

诗人王勃是个多才多艺的人，并且特别爱猜谜语。有一年隆冬，大雪纷飞，叔叔辅导他作完画后，便和他一起围着火炉取暖。王勃说："叔叔，您出个谜语给我猜猜。"叔叔想了一想，抬眼望着窗外，脱口吟道："此花自古无人栽，每到隆冬它会开。无根无叶真奇怪，春风一吹回天外。"王勃听了眼睛一眨，没有立即回答谜底，却大声说道："只织白布不纺纱，铺天盖地压庄稼。鸡在上面画竹叶，狗在上面印梅花。"说完叔侄俩会心地笑了起来，原来他们所说的谜语是同一个谜底。

你能迅速说出这个谜底吗？

巧答姓名

从前，一位老人去茶馆，刚坐下，老板热情地打招呼，很礼貌地问老人贵姓，可老人没有直接回答，只是打趣地说："一点。"老人反问老板："您贵姓？"老板也很幽默地说："一边一点。"老人恍然大悟，笑答："我们原来都是一个姓啊！"

听了他俩的对话，你猜出他们姓什么了吗？

池中有几桶水

古代有个著名的学者，一天，他瞧着面前的一个水池，问身边的一帮弟子："这水池里共有几桶水？"众弟子一个个面面相觑。老学者觉得扫兴，于是写了一张布告，声明谁能回答这个问题，就收谁做弟子。布告贴出后的第三天，一个10岁左右的男孩来到老学者的授课大堂，他很快就回答了这个问题。老学者听得连连点头，脸上露出赞许的笑容。

你知道小男孩是怎么回答的吗？

怎样吃到鱼

小于爱吃鱼，但很少留心观察身边的事物，就连所吃的鱼的名字都叫不出。一次，妈妈有意考考他，把鱼做好后问小于："你能说出这条鱼的名字吗？用什么方法都行，但不能问鱼的名字，猜出来就让你吃，否则你就得等会儿再吃。"小于说不出鱼的名字，又想立刻尝到鱼的滋味，怎么办呢？最后聪明的小于说了一句话，妈妈只好让他吃了鱼。

小于对妈妈说了一句什么话呢？

三问

有一个妇人在坟前痛哭，过路人问她在哭谁，妇人回答说："他的爹爹是我爹的女婿，我的爹爹是他爹的丈人。"有两个妇人有说有笑一路同行，有人问她俩是什么亲戚关系，年幼些的回答："我是妹妹的妹妹，她是嫂嫂的嫂嫂。"有个老人醉在庵堂门前，被一个尼姑背了进去。见者笑问尼姑，背的是何人？尼姑答道："醉人妻弟尼姑舅，尼姑舅姐醉人妻。"

小朋友，你知道他们分别指的是什么人吗？

老板请客

张生好喝酒，也善猜谜。一天，他又去"太白楼"酒店喝酒。赵老板一见是张生，便笑着说："我出个谜儿你猜个字。如果猜中了，今天我请客，你随便吃喝。若猜不中，则加倍收款。"说罢，他吟道："唐虞有，尧舜无；商周有，汤武无。"张生沉吟了一下，拱手笑道："我将你的谜底也制成一谜，你看对不对，'跳者有，走者无；高者有，矮者无。'"赵老板雅兴大发，连说："还有，还有，'善者有，恶者无；智者有，蠢者无。'"张生又接着说："右边有，左边无；凉天有，热天无。"赵老板拍手叫好，又道："哭者有，笑者无；活者有，死者无。"张生接着说："哑巴有，麻子无；和尚有，道士无。"老板哈哈大笑，摆出丰盛的酒菜，请张生开怀畅饮。

你已经猜出是个什么字了吗？

装满屋子

从前，山脚下住着一对夫妇，他们有三个儿子。一天，父亲要出远门，需要一个儿子陪同。三个人都想和父亲出去长长见识，于是父亲就给他们出了一道题，让他们分别拿二两银子去买东西，用买来的东西把院子里的三间空屋子装满。一大早，老大气喘吁吁地弄来一大堆干柴，塞满了一间屋子。老二费了好大的力气弄来许多稻草，也塞满了一间屋子。老三傍晚才出发，天黑时带回来一盏灯。父亲看后，哈哈大笑，最终带着老三出门了。

你知道为什么老三会获胜吗？

答案

◆ 隆冬猜谜
　雪。

◆ 巧答姓名
　他们姓卜。

◆ 池中有几桶水
　小男孩的回答是："要看那是怎样的桶。如果桶和水池一般大，那池里就只有一桶水。如果桶只有水池一半大，那池里就有两桶水。如果桶只有水池的三分之一大，那池里就有3桶水。以此类推。"

◆ 怎样吃到鱼
　小于对妈妈说："你让我先尝尝鱼的滋味，我就可以告诉你鱼的名字。"

◆ 三问
　儿子；
　男家妹妹的妹妹，娘家嫂嫂的嫂嫂；
　父亲。

◆ 老板请客
　口。

◆ 装满屋子
　老三在晚上点燃那盏灯，满屋子都亮堂堂的。虽然两个哥哥也都做到了，但是都没有老三完成得省劲。父亲当然喜欢带聪明的孩子出门了。

聪明的牧童

从前有个牧童，一天在放牧回来的路上，突然被三个蒙面大盗拦住，他们拿着一块牌子，上面写着："我们三人有一人专说谎话，一人专说真话，还有一人一半说谎话一半说真话。现在只许你问一个内容完全一样的问题，我们回答只用'是'或'不'。如果你能分清我们三人各是什么人，就放你过去，否则就杀了你。"牧童想了想，巧妙地提了个问题，就顺利通过了。

你知道聪明的牧童是怎么提问的吗？

大炮过桥

在一次军事演习中，炮兵连小王负责组织士兵为前方增援大炮。一辆辆炮车牵引着增援的大炮开往前方。炮车行进途中遇到一座桥。桥头的标志牌上写着：最大载重量35吨。然而，每辆炮车重12吨，大炮重25吨，明显超过了桥的载重量，这可怎么办？小王急中生智，设计了一个方案，使大炮安然过桥。

请问，他的妙计是什么？

嘻嘻……

小王好聪明啊！

黑子过桥

儿童团员黑子要给地下党组织送情报，他必须经过一座桥，该桥为军事专用，禁止行人通过，桥的中间有一个岗亭，里面有一名敌人的哨兵。他主要负责监控桥上的情况，禁止行人过桥。因为一个人最快也要7分钟才能过完桥，哨兵便每隔5分钟出来巡视一次，一见有人过桥，就把人赶回去。

你帮黑子想想，怎样才能过桥呢？

守财奴的财产

有个富翁爱钱如命，但很少谈起自己口袋里有多少钱，即使对知心朋友也仅在信中提到过这么两次。第一次他写道："现在我口袋里有34+23=48个金币。"难道他连简单的加法都不会吗？不，这是一种密码！按一定规律增加或减少了相同的数。他的朋友猜出了其中的秘密，知道原式应是：25+14=39。第二次他写道："这次我绝无谎言，我口袋里有51+55=97个金币。"他的朋友根据密码编排方法，很快破译了密码。

你知道他的朋友是怎么破解密码的吗？

刁藩都的生平

著名的古希腊数学家刁藩都的生平，历史上几乎没有记载，后人仅从他那特别的墓志铭中了解到一些。

墓志铭："过路人！这里埋着刁藩都的骨灰。下面的数字可以告诉您，他的寿命究竟有多长。

"他生命的 $\frac{1}{6}$ 是幸福的童年。

"再活了生命的 $\frac{1}{12}$，他长起了细细的胡须。

"刁藩都结了婚，可是还不曾有孩子，这样度过了一生的 $\frac{1}{7}$。

"再过5年，他得了头胎儿子，他感到幸福。

"可是命运给这孩子在这世界上的光辉灿烂的生命只有他父亲的一半。

"打从儿子死后，这老头在深深的悲痛中活了4年后也结束了尘世的生涯。

"请问您，刁藩都活到多少岁才和死神见面？"

你能解答这道别开生面的数学题吗？

做对几道题

暑假，小毛还有26道算术题没做就想去玩。妈妈对他说："你先认真做完这26道题，做对一道给8分，做错一道扣5分。按得分多少给你奖励。"小毛做完题后让妈妈评卷，结果只得了0分。小毛说："我没有全错，有些题我做对了的。"

你知道小毛做对了几道题吗？

唉，肯定是错题比对题多！

银元变大枣

有个商人外出，把一坛封了口的银元交给最要好的朋友保管，并告诉他坛子里装的是红枣。一天，好奇的朋友打开坛子，把银元拿走了。几年后，听说商人回来了，朋友在坛子里装上新红枣，封口后还给商人。商人打开一看，呀，银元竟然变成了红枣，就问朋友银元哪去了，可朋友不承认。两人吵起来，一同去见法官。朋友对法官说："他把坛子交给我时说的是红枣呀！"法官仔细看了看红枣，立即指出朋友撒了谎。

你知道法官凭什么判断是朋友换掉了银元吗？

诸葛亮的妙算

有一次，诸葛亮把将士们召集在一起，说："你们中间不论谁，从1到1024中任意选出一个整数，记在心里。我提10个问题，你只要求回答'是'或'不是'。10个问题全部答完以后，我就会'算'出你心里记的那个数。"诸葛亮刚说完，一个不服气的谋士站起来说他已经选好了一个数。诸葛亮问道："你这个数大于512？"谋士答："不是。"诸葛亮又接连向这位谋士提了9个问题，谋士都一一如实做了回答。诸葛亮最后说："你记的那个数是1。"谋士听了极为惊奇，因为这个数恰好是他选的那个数。

你知道诸葛亮是怎样进行妙算的吗？

司机巧提汽油

司机小王到仓库提汽油，看守仓库的老赵故意刁难，出了一个题目想考考小王的智力。他指着货架上一排并列的6个油桶说："这6个桶里分别装了汽油、柴油、机油，你不准看桶里，也不准闻，只能看桶上标明的数量。15升、16升、18升、19升、20升、31升，看清了吧？好。"他又递过一本存货册，说："机油只有柴油的一半了。你要提的汽油只剩一桶了。小王，你就把那一桶汽油提走吧。"最终王司机顺利地提走了汽油。

你知道小王提的是哪一桶吗？他是怎样分析的呢？

哪一桶呢？

蚂蚁搬兵

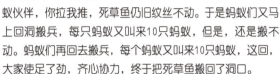

河边有条死草鱼，被1只巡逻的蚂蚁哨兵看见了。它立刻回洞唤来10只蚂蚁，可是搬不动。每只蚂蚁回去后各找来10只蚂蚁伙伴，你拉我推，死草鱼仍旧纹丝不动。于是蚂蚁们又马上回洞搬兵，每只蚂蚁又叫来10只蚂蚁，但是，还是搬不动。蚂蚁们再回去搬兵，每个蚂蚁又叫来10只蚂蚁，这回，大家使足了劲，齐心协力，终于把死草鱼搬回了洞口。

根据以上情况，你能算出最后把死草鱼拽回洞口时，一共有多少只蚂蚁参加吗？

答案

◆聪明的牧童

牧童问："你是不是会说话？"如果是说真话的强盗，回答一定是"是"。而说谎话的强盗回答一定是"不"，如说出"不"，一定是说谎。剩下的那个强盗就一定是一半说真话一半说谎话的那个了。

◆大炮过桥

用一条比桥面长的钢索，系在炮车与大炮之间，这样二者就不会同时压在桥上，便可以顺利地用炮车将大炮拖过桥去。

◆黑子过桥

黑子在哨兵刚进岗亭时就开始走，走了4分钟时就已经过了岗亭，然后转身慢慢往回走(往桥头方向走)，当哨兵出来见到他时就命令他往回走(往桥尾方向走)，这样他就可以过桥了。

◆守财奴的财产

从已知条件出发，由 $34+23=48$（个）推算出为 $25+14=39$（个），也就是减数、被减数、差数都减去9。所以 $51+55=97$（个）按此方法推算出为 $42+46=88$（个）。

答案

◆刁藩都的生平

设刁藩都的寿命为X，即可将墓志铭翻译成数学的语言：

"他的生命的 $\frac{1}{6}$ 是幸福的童年"，即为 $\frac{X}{6}$。

"再活了生命的 $\frac{1}{12}$，他长起了细细的胡须"，即为 $\frac{X}{12}$。

"刁藩都结了婚，可是还不曾有孩子，这样度过了一生的 $\frac{1}{7}$"，即为 $\frac{X}{7}$。

"再过5年，他得了头胎儿子，他感到很幸福"，即为5。

"可是命运给这孩子在这世界上的光辉灿烂的生命只有他父亲的一半"，即为 $\frac{X}{2}$。

"打从儿子死后，这老头在深深的悲痛中活了4年后也结束了尘世的生涯"，即为4。

那么，刁藩都的寿命即为：

$X=\frac{X}{6}+\frac{X}{12}+\frac{X}{7}+5+\frac{X}{2}+4$

解此方程得：X=84

所以，刁藩都的简单历史是这样的：他活了84岁，21岁时结了婚，38岁时做了爸爸，80岁时死了儿子。

◆做对几道题

先假设全做对，得26×8=208(分)，但最后是0分，说明丢了208分。而每做错一道题不但不得8分，还扣5分，所以要丢掉8+5=13。错一道丢13分，共丢208分，208÷13=16，总共错了16题，26－16=10，一共做对了10道题。

◆银元变大枣

过了几年，红枣肯定早就烂了，新红枣显然是朋友后来换进去的。

◆诸葛亮的妙算

1024一半一半地取，取到第10次时，就是"1"。根据这个道理，连续提10个问题，就能找到所需要的数。

◆司机巧提汽油

王司机提的是20升的那一桶。办法是将这6个桶上标明的数量相加得出和数，再看减去哪个桶上标的数量后的差能被3整除，那么这个被减去的数就是所要的那桶汽油的数量。

干了一天活才得到一块骨头，还是两"人"共有。我们还是今夜溜走吧……

◆蚂蚁搬兵

一共来了14641只蚂蚁。解法如下：

第一次搬兵：1+10=11(只)；

第二次搬兵：11+11×10=121(只)；

第三次搬兵：121+121×10=1331(只)；

第四次搬兵：1331+1331×10=14641(只)。

第三章

Part3

动手小机灵

　　动手与动脑是一个互动的过程，灵巧的双手是一个人大脑发育全面的标志之一。所以，智力开发不仅要提高大脑的思维能力，还要锻炼双手的实践能力。本章重在激活手指尖上的智慧，发掘你无限的潜能，让你的智力得到更全面、更系统的开发。在这一章里，我们可以边玩边学做有趣又长知识的科学小实验、变幻莫测的神奇小魔术和用简单材料做成的别致小艺术品，这些都会让你大开眼界。本章将使你的手脑协调能力、形象思维能力、创新能力以及审美能力，在不知不觉中得到大幅度提高。

第一单元 NO.1

🔲 科学益智小实验

实验，就是亲身实践与体验，是对少年儿童体智全面发展的一种训练。本单元所介绍的小实验是从全新的角度切入少儿智力开发，即实验操作与科学知识相结合。小实验趣味性、操作性都较强，能大力激发少年儿童朋友们的兴趣，达到在游戏与娱乐中开发智力的目的。

✏️ 吸尘器是怎么工作的

妈妈又在打扫房间卫生了。她用吸尘器来除去家具、地毯上的灰尘，又快又方便。吸尘器真是妈妈的好帮手。吸尘器为什么能吸去尘土呢？

◆**准备材料**
①一支蜡烛
②一枚硬币
③一个盘子
④水
⑤火柴
⑥一个玻璃杯

◆**实验步骤**
1.把硬币放入盘子里，往盘子中倒入水，使水刚好能浸没硬币。
2.在盘子上立起一支蜡烛，并将蜡烛点燃。
3.用玻璃杯罩住点燃的蜡烛以及硬币，观察现象。

◆**实验解释**
在实验中你可以看到，蜡烛很快便熄灭了，杯子中的水面上升了，硬币也露出了水面。蜡烛燃烧需要消耗氧气，火焰熄灭表明杯中的氧气已经耗尽。这时，杯中的气压就远小于外部空气的气压，于是水被外部的空气压力压进这个封闭空间内，这与灰尘被吸入吸尘器的原理相同。吸尘器运转时，会在吸尘器内产生一个局部的低气压区，从而把外部空气和灰尘一起吸进去，达到除尘的目的。

✏️ 苹果打架

两个分别悬挂着的苹果，距离也不算近，且保持静止状态。如果不动手，怎么才能使两个苹果"打架"呢？

◆**准备材料**
①两条细绳
②一个吊架
③两个大小差不多的苹果

◆**实验步骤**
1.用两条细绳分别将两个苹果悬挂起来，距离不要太远。
2.你在两个苹果之间用力一吹，苹果就会动起来发生碰撞。

◆**实验解释**
所有物体都被空气包围着，空气有重量并占据空间。苹果间的空气被吹走后，气压会在短时间内降低，且与苹果两旁的空气产生气压差，从而挤压苹果，使它们"打架"。

亲密的杯子

两个没有生命的玻璃杯子会亲密地结合在一起。其中有什么道理呢?

◆准备材料

①两个相同大小的玻璃杯

②一张吸水纸

③水

④一支蜡烛

⑤火柴

◆实验步骤

1.将蜡烛放在一个杯子里。

2.将蜡烛点燃。

3.将浸湿的吸水纸盖住杯口,迅速将另一个杯子反扣上。

4.蜡烛熄灭后,拿起上面的杯子,下面的杯子会跟着运动,即两个杯子"粘"在一起了。

◆实验解释

燃烧需要氧气。蜡烛的燃烧先耗尽下面杯子里的氧气,然后通过吸水纸的纤维耗尽上面杯子里的氧气。这时两个杯子里的气压低于外面的气压,外面的气压将两个杯子紧紧地压在了一起。

纸鱼活了

纸做的小鱼居然会像活鱼一样,在你的手上一动一动的呢!不信,你就动手试试看!

◆准备材料

①一把剪刀

②水

③一张玻璃纸

◆实验步骤

1.用玻璃纸(不是塑料薄膜)剪一条鱼。

2.将剪好的鱼稍微浸湿一下,平放到手掌上。

◆实验解释

你会发现鱼动起来了。道理很简单,水挤进玻璃纸的纤维里,玻璃纸膨胀,鱼就动起来了。

瓶子潜水员

你只需要用手就可以使杯中的瓶子充当潜水员的角色,让杯子中的小瓶子上下自如地做潜水运动。当然,如果你装模作样地念上几句咒语的话,那你就更像魔术师了。

◆准备材料

①水

②一个无色玻璃杯

③一个小瓶子(类似小试管般粗细,大拇指般长)

◆实验步骤

1.装大半杯水,把小瓶头朝下放进杯里,这时水会钻进小瓶里,直到小瓶浮在杯子里。

2.将杯子里的水加到杯口。

3.用手完全盖住杯口,小瓶会往下沉。移开手,小瓶则会浮起来。

◆实验解释

这是因为手盖住杯口就加大了杯里的压力,小瓶里的空气被压缩,钻进了更多的水所以就下沉。反之,小瓶就会上浮。

死灰复燃

常有人用"死灰复燃"来形容事情有了转机。实际上，"死灰复燃"也是一种常见的物理现象。让我们来探究产生这种现象的原因吧。

◆**准备材料**

①一支蜡烛

②火柴

◆**实验步骤**

1. 在一个不通风的房间里将蜡烛点燃。

2. 用力吹灭蜡烛。

3. 再立刻点燃火柴棒，拿到烛芯上方，观察发生的现象。

◆**实验解释**

实验中你会发现，燃着的火柴棒还未接触到烛芯，蜡烛便又燃烧起来。蜡烛燃烧时会产生气态的碳氢化合物，而碳氢化合物具有易燃性。所以在蜡烛熄灭后，趁气态的碳氢化合物尚未散开之际，立刻拿点燃的火柴靠近蜡烛，烛芯就会立刻被点燃而继续燃烧。

隔着玻璃瓶吹蜡烛

每个人都知道怎么吹灭蜡烛，站在蜡烛面前用嘴一吹就行了。如果在蜡烛前放一个玻璃瓶，你能吹灭蜡烛吗?十有八九的人都认为不能吹灭蜡烛。错了，这支蜡烛是可以被吹灭的。

◆**准备材料**

①一个玻璃瓶

②一支蜡烛

③火柴

◆**实验步骤**

1. 用火柴点燃蜡烛。

2. 将燃烧的蜡烛放在玻璃瓶后。

3. 对着玻璃瓶用力一吹，蜡烛照样会熄灭。

> 隔着玻璃瓶吹蜡烛，应该只有我这样的大力士才能做到吧。

◆**实验解释**

对着瓶子吹气，瓶子的后面会产生低压，周围的空气会试图去平衡低压，这时火焰就会被产生的气流吹灭。这就是为什么人们不到广告柱后面躲避寒风的原因，因为待在那里反而会被吹得透心凉。

变色的天空

天气晴朗时，天空看起来是蓝色的，傍晚又会变成红色的。这是为什么呢?我们来做个小实验就知道了。

◆**准备材料**

①一个装水的透明杯

②一茶匙牛奶

③手电筒

◆**实验步骤**

1. 在装水的杯子里放入一茶匙牛奶，使水成为浑浊的液体。

2. 将手电筒的光束射向水杯中的水体。

3. 先从旁边看液体的光束，再从上面直接看光束，注意观察。

◆**实验解释**

从旁边看液体是蓝色的，从上面看液体是红色的。天空之所以会呈现出蓝色或红色，那是因为太阳光线被空气中的看不见的分子散射开了。分子对蓝色光线的散射强一些，所以从旁边就看到了蓝色。天边颜色的变化就是这种散射的结果。

承载重物的纸片

单薄的纸片在活动筋骨后，竟然扛起了重于它好几十倍的玻璃杯，这太不可思议了。不相信？你动手来试试就明白了。

◆ **准备材料**
①一张稍厚一些的打印纸
②三个同样大小的玻璃杯子

◆ **实验步骤**

1. 在两个杯子间放一张纸，再在纸上放第三个杯子，纸不能承受住杯子的重量。
2. 把纸折成手风琴风箱状再试一次，这次杯子稳稳地立在纸桥上了。

◆ **实验解释**

当纸经过折叠形成折痕后，杯子的重量就分散到多个折痕上，是折痕承受住了重量。

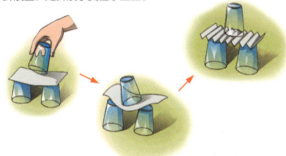

巧开瓶盖

怎样才能把盖得非常牢固的瓶盖不费吹灰之力地打开呢？请注意，瓶子是玻璃的，不能用工具撬，当然，更不能把瓶子弄破。而且实验有危险，需要在家长帮助下才能操作。

◆ **准备材料**
①开水
②一个带盖的瓶子

◆ **实验步骤**

1. 将瓶倒置，把瓶盖部分放入开水中半分钟。
2. 用手向上掀开瓶盖，不费吹灰之力就能把瓶子打开了。

◆ **实验解释**

物体遇热膨胀，瓶体、瓶盖也是如此。但玻璃传热慢，膨胀系数也小，而金属传热快，膨胀系数大，所以加热后金属瓶盖就松了。

太阳能烤红薯

如果排除去大街上买烤红薯的方式，又不允许生火，你还有办法吃到烤红薯吗？前提是自己制作。

◆ **准备材料**
①夏天，光照强烈的中午
②一根小点的红薯
③一个平底瓷盆
④一张铝箔
⑤一个晾毛巾的挂钩
⑥一把吃饭用的叉子

◆ **实验步骤**

1. 把铝箔展开平铺在瓷盆里，注意保持平整。
2. 在盆中间撕开一块铝箔，将挂钩固定在上面，再将红薯穿在钩上。
3. 把盆放到阳光下，十几分钟后红薯就熟了。

◆ **实验解释**

太阳光不仅具有光能，还具有热能。这个实验就充分利用了太阳光的热能。太阳光通过铝箔汇聚在盆中间，光集中后产生大量的热量，形成了高温的环境。

水倒流

你一定听说过"水往低处流"这句俗语吧？但这个实验会告诉你水也会向高处走。为了防止漏水，最好在厨房的水槽里进行实验。

◆ 准备材料

①两张纸巾

②一个玻璃杯

③水

④一个碗

◆ 实验步骤

1. 把纸巾紧紧卷在一起搓成绳索，从中间把绳索折弯。

2. 将折好的纸绳一端放在杯子里，另一端碰靠在碗边。

3. 仔细观察实验现象。

◆ 实验解释

碗里的水通过纸绳渗透到杯子里，如果杯子的位置相对于碗来说足够高的话，碗中的水将会被吸干。这是因为纸巾的纤维之间，有数万甚至数百万个小空隙。水会流进这些小空隙，沿着搓成绳状的纸巾前进，这种移动叫作毛细现象。水会从植物的根部移动到其他部位，也是这个道理。

水是向上流的吗？

干燥的水

通常情况下水会浸湿其他物体，但在一定条件下也会有"干燥的水"。当你把手伸进水里再拔出来时，你会发现手是干的！这是为什么呢？

◆ 准备材料

①胡椒粉

②一个玻璃杯

③水

◆ 实验步骤

1. 把杯子装满水。

2. 等杯内的水平面平衡后小心地撒进磨得很细的胡椒粉，直到胡椒粉盖住整个水面。这时不要再动杯子，以免使胡椒粉沉下去。

3. 慢慢地将手指伸进水里，然后拔出，你会发现手完全没有被水浸湿，是干燥的。

◆ 实验解释

伸进水里的手指，只有击破水面的"膜"，才会被浸湿，而胡椒粉强化了这层"膜"，使水分子聚合在一起。实验中杯里的水像一个气球，受到外力挤压它就会收缩。只有外力过大击破"水膜"，手指才会变湿。

真神奇，水竟然会向上流！

让我试一下，看看手指是不是真的不会湿。

手指竟然是干的，简直妙不可言！

水不会掉下来

任何人都可以把装满水的瓶子倒转过来，但有多少人在倒转瓶子的同时不会把瓶子里的水也倒出来呢？下面来动手试试就知道自己行不行了。

◆ 准备材料

①一根15厘米的软铁丝或橡皮筋
②一个小口窄颈的瓶子
③水
④一小块纱网或过滤网

◆ 实验步骤

1. 在瓶里装满水。
2. 把纱网套在瓶口，用铁丝或橡皮筋固定好。
3. 很快地把瓶子倒转过来，结果水没有流出来。

◆ 实验解释

这是水的表面张力帮了忙，同时也因为瓶子里装满了水，所以瓶子里没有空气可以把水压下来。气压唯一推挤的方向是上面，它阻住了本应要从纱网里流出来的水。

体会电的感觉

电在我们的生活中的用处很大，但是电也很危险，凡是带电的东西小朋友千万不要随便触摸哟。不过下面的实验能让你体验到看不见的电的存在，既不危险又很好玩，赶快来试试吧！

◆ 准备材料

①一个柠檬
②一个小盘子
③9条2.5厘米×5厘米的纸巾条
④5枚5角硬币
⑤5枚1角硬币

◆ 实验步骤

1. 把柠檬汁挤到小盘子中。
2. 将纸巾条浸泡在柠檬汁里。
3. 把硬币叠起，5角和1角的硬币交互叠放，中间用浸泡了柠檬汁的纸巾条分隔开。
4. 双手各伸出一根手指，用水弄湿，将这叠钱币夹在手指中间。

◆ 实验解释

实验中你会感到小震动或体会到痒痒的感觉。其实这是一个简易的电池。柠檬汁是一种酸液，它会传导由两种不同金属做成的硬币所产生的电。现在我们用的干电池里，主要由锌电池容器和炭棒组成，它们被浸泡在强酸里的吸墨纸分隔着。

为什么飞机会飞

用最简单的小实验来解释飞机为什么会飞的科学原理，这也许是件不可思议的事，但下面这个实验确实很简单，也十分正确地解释了这个道理。动手试试吧。

◆ 准备材料

一张薄纸

◆ 实验步骤

把薄纸放在嘴边用力一吹，薄纸会向上飘起。

◆ 实验解释

吹气产生的气流会降低薄纸上面的气压，相当于你把气"吹走了"，薄纸下面的气压就使它向上飘起。飞机机翼上方和下方气流的运动的原理完全与上面的实验相同。当飞机机翼上方的气压低于下方的气压时，飞机就飞起来了。

✏️ 滑轮的力量

如果你想将一件重物拉起，而又不打算花费太大的力气，那么用滑轮是最科学和最明智的选择。

◆ 准备材料

① 两把椅子
② 两个铁丝衣架
③ 一个空线团
④ 一个扫把柄
⑤ 一把剪刀
⑥ 一段长为3米的绳子
⑦ 一本或一摞书

◆ 实验步骤

1. 组装简易滑轮：把铁丝衣架的颈部拉开，从末端穿入线团，把线团移到中央，再把衣架拉回原状。
2. 把椅子背对背摆好，中间放扫把柄。
3. 在扫把柄上绑个绳环，来拉住滑轮。
4. 剪一条1.2米长的绳子，把它绑在书上，再拉到滑轮上。
5. 把线向下拉，使书本升起。

◆ 实验解释

滑轮是一种能改变力的方向的重要工具，它的工作原理就如实验所演示的一般，非常简单，但它的功用却非常大。滑轮的这种改变移动方向的能力，让我们能盖起高大的建筑物，铺设大桥。事实上采用多组滑轮一起工作还会更加省力，但实验中的这组滑轮并没有使你省力。

✏️ 不漏水的杯子

杯子与杯子口对口地连接在一起，竖起杯子，结果杯口向下的杯子里的水居然没有漏出，仍然留在杯内，这是怎么回事呢？亲自动手试一下就明白了。

◆ 准备材料

① 一个水盆
② 两个形状完全相同的杯子
③ 一枚硬币
④ 水

◆ 实验步骤

1. 把两个杯子完全浸在水盆里。
2. 将杯子里充满水，等气泡消失后，将两个杯子口对口放在一起，竖立起来，小心地拿出水盆。
3. 非常小心地将一枚硬币塞进两个杯子杯口间的缝隙，你可以观察到没有一滴水漏出来。

◆ 实验解释

这是因为水的表面有一层"膜"，由"膜"产生的张力使水依然保持在杯里。

试试看，塞进硬币后水真的不会漏出吗？

瓶中的云

空气中含有水蒸气，那么你知道水蒸气是怎么变成云的吗？

◆准备材料
①一个装汽水的空塑料瓶
②一张黑纸

◆实验步骤
1. 将水灌满空塑料瓶，然后再将水全部倒出。
2. 盖上瓶盖，用手使劲挤压塑料瓶瓶体。
3. 将塑料瓶放在桌上，背后衬一张黑纸。
4. 打开瓶盖，稍稍挤压瓶身的上部，动作要轻。仔细观察现象。

◆实验解释
当挤压开着盖子的空瓶时，你会看到从瓶口升起一小股云雾。在使劲挤压盖着盖子的空瓶时，瓶中的空气受到压缩，这就像在加热，使瓶中残存的水分变成了看不见的水蒸气。而打开盖子，等于给瓶中的空气减压，使它们冷却，那些已经变成气态的水分又重新返回液态，于是我们就看到了瓶口上方的云雾。大气中的云也是这样形成的。当地表气团上升时，升得越高，受到的大气压力就越小，因为越高的地方空气就越稀薄。于是，气团就不断"减压"，同时逐渐冷却。如果这是个湿气团，它所含有的水蒸气就会不断地变成水滴而汇聚成云。

小型闪电

闪电是大气云团中发生放电时伴随产生的强烈闪光现象。它们可能出现在各种位置：云层与大地之间、云层与云层之间，甚至在云层内部。你想不想自己做个小型闪电来玩呢？

◆准备材料
①厨房用隔热手套
②一个气球
③一个钉子（长约5厘米）

◆实验步骤
1. 吹大气球。
2. 戴上厨房用的隔热手套，一只手拿气球，另一只手拿钉子。
3. 将气球跟你的衣服或头发摩擦半分钟。
4. 慢慢地将钉子接近气球。
5. 到一个较暗的房间里重做一遍上面的实验。

◆实验解释
当钉子的尖头接近气球时，你会听到轻微的"噼啪"声，甚至还能看到细微的闪光。在摩擦气球时，气球获得电荷。当钉子的尖头接近气球时，气球所带的电荷会向钉子的方向集中。而当电荷聚集的数量多到一定程度时，气球就会向钉子尖头一端释放电荷。释放的过程也是加热空气的过程，空气会发生小型爆炸，从而产生"噼啪"声。假如室内相当干燥，而释放的电荷又足够强，我们还能看到火花呢。

这个实验真的很好玩！

瓶中喷泉

你喜欢喷泉吗？其实，你可以在家里自己动手，做个喷泉来玩，但是这个实验必须有成年人在场，因为实验较为复杂。

◆准备材料
①一个果酱瓶　②一支麦秆　③胶泥
④红墨水　⑤一个煮锅

◆实验步骤
1. 在果酱瓶盖上钻一个麦秆大小的孔，瓶内装 $\frac{1}{3}$ 的冷水，加入1～2滴红墨水，将水染上色。
2. 把瓶盖拧紧，插进麦秆，露出瓶盖的麦秆不要太长。
3. 用胶泥把麦秆孔与瓶盖的缝隙和麦秆端口封住。
4. 把瓶子放进装满热水的煮锅里。

◆实验解释
突然，胶泥飞走，水像喷泉一样从麦秆里喷出。为什么会这样呢？原来，煮锅里的热水加热了瓶中的空气。受热的空气分子运动越来越激烈，它们不断地膨胀，挤占更多的空间，从而挤压瓶中的水。当压力达到最大时，封口的胶泥射出，水就喷涌而出，像美丽的喷泉一样了。

看不见的盲点

东西放在眼前，瞪大眼睛也看不见，你信不信？

我看到了。

◆ **准备材料**

①一张白纸

②一把直尺

③一支铅笔

◆ **实验步骤**

1. 在纸上画两个齐平的黑点，两点相距10厘米。

2. 将白纸放在面前，用右手挡住右眼，让左眼对准右边的黑点。

3. 把纸向外移动，移到距离眼睛26～30厘米处，这时原来左眼能看到的左边的黑点突然消失了。

4. 再换成右眼，按上述步骤操作，看到的现象一样。

◆ **实验解释**

为什么黑点会消失呢？原来，在人的眼球后部，有一个无视觉细胞，不能感受光的刺激的区域，这个部位被称为"盲点"。凡是外界物体投影在"盲点"上，影像就会从人的眼前"消失"。

神奇的吸管

拿起一根塑料吸管，用手轻轻一折就折弯了。这么脆弱的东西却能把马铃薯穿个洞，你相信吗？不妨动手做做看。

◆ **准备材料**

①一根塑料吸管

②一两个马铃薯

◆ **实验步骤**

1. 拿出马铃薯和吸管，检查一下是否完好。

2. 用拿笔的方式持吸管插马铃薯，结果吸管弯曲了也没插进马铃薯。

3. 先用拇指按住吸管一端，再以极迅速的手法插马铃薯，结果将马铃薯插穿了。

◆ **实验解释**

我们用手指按住吸管口的同时，也把空气封在了吸管内，使得脆弱的吸管变得坚硬起来，所以吸管才有足够的力量插穿马铃薯。

乒乓球复原

乒乓球瘪了，不能玩了，该怎么办呢？下面动手试试让它复原吧。

◆ **准备材料**

①一个瘪乒乓球

②一个茶杯

③开水

◆ **实验步骤**

1. 把瘪乒乓球放入杯中。

2. 向杯中倒入开水。

◆ **实验解释**

实验中可以观察到，瘪乒乓球慢慢地鼓了起来，变圆了。这就是人们常说的热胀冷缩。乒乓球里的空气受热膨胀，膨胀产生的挤压力能让瘪乒乓球恢复到原来的形状。

手心中的水滴

在乡下，人们在雾气弥漫的田野里经常可以看到野草上有一层水珠。你知道这雾天中野草上的水是从哪里来的吗？

◆ **准备材料**

一面镜子或一扇玻璃窗

◆ **实验步骤**

1. 手指并拢，手掌贴在镜子或玻璃窗上。

2. 默数一分钟后，再抽回手。

◆ **实验解释**

你可以观察到，在手掌心接触玻璃的位置的旁边，而不是接触的位置，出现了水滴。人手的温度要比玻璃的温度高，它在不断加热周围的空气。由于蒸腾作用，皮肤也在不断地排出水分，因此手附近的空气中包含着一定数量的水蒸气。水蒸气跟冷玻璃接触后会发生冷凝，结成液态的微小水滴。我们肉眼看到的水滴，就是凝结在玻璃上的上百万颗微小水滴的集合。在手接触玻璃的位置上没有水滴，这是因为那里没有发生气流循环。

蒸腾作用时时刻刻都在动植物上发生，水分因此而挥发出来，被不断地排到空气中。入夜气温下降时，空气不能完全容纳草地排放的水蒸气，一部分水蒸气便转为液态（这叫冷凝），从而形成雾气层。雾气接触野草，就在野草上形成小水珠。

瓶中的鸡蛋

熟鸡蛋能完整地放进窄口瓶吗？注意，这个实验需要在家长监护下完成。

◆ **准备材料**

①一个煮熟并剥去壳的鸡蛋

②一个空瓶（瓶口比鸡蛋略小）

③沸水

◆ **实验步骤**

1. 小心地将沸水灌进瓶子，摇动瓶子。

2. 将鸡蛋放在瓶口上。

3. 仔细观察你看到的现象。

◆ **实验解释**

实验中你会发现，鸡蛋在不断地往瓶子里滑。冷水占据的空间比热水小。随着水温的降低，瓶内空气的空间变大、气压变低，瓶外鸡蛋周围的空气压力就会挤压鸡蛋，使鸡蛋滑进瓶子里。

看不见的墨水

有时想书写、传递别人看不见的信息，那该怎么办呢？这种由柠檬汁做成的墨水会帮你的忙。这个实验需要在家长的协助下进行。

◆ **准备材料**

①柠檬汁

②一支蘸水笔

③一张纸

④电熨斗

◆ **实验步骤**

1. 用蘸水笔蘸柠檬汁写一封信。

2. 用电熨斗加热信纸。

◆ **实验解释**

加热时柠檬汁会变质，变质后的物质呈棕色，这样字就会显现出来了。

酸雨小测试

气象学家说酸雨比一般雨的酸性要大，对环境和建筑物有破坏作用，可是你知道酸雨酸到了什么程度吗？

酸雨真的有那么可怕吗？我要试试。

◆ **准备材料**

①5个玻璃杯

②5茶匙紫甘蓝菜汁

③雨水

④冷开水

⑤牛奶

⑥苹果汁

⑦柠檬汁

◆ **实验步骤**

1. 在每个杯子里放进一茶匙的紫甘蓝菜汁。

2. 在第一杯里加入雨水，第二杯里放入冷开水，第三杯放牛奶，接下来的一杯放苹果汁，最后一杯放柠檬汁。

3. 把装雨水的杯子中溶液的颜色，与其他杯子里的溶液的颜色进行比较。当发现和雨水颜色最相近的杯子时，查看pH表，并估计所测试的雨水的pH值。

◆ **实验解释**

正常的雨水是微酸性的，因为空气里的氧化物会形成弱酸。如果溶液的颜色只有微小的改变，那表明你生活地区的雨水是正常的。如果它变得和柠檬汁那杯溶液一样粉红，那么雨水中就含有强酸性，会对环境产生很大的危害。

切不断的纸

纸与苹果比起来，哪个更结实？是苹果吗？还是动手做个实验来判定吧。一定要请父母一起来做哦！

◆ **准备材料**

①一把直刃的刀

②一张纸

③一个苹果

结果和想象中的不太一样吧。

◆ **实验步骤**

1. 洗净苹果。

2. 把纸折一下，包住刀刃。

3. 用被纸包住刀刃的刀切苹果。

◆ **实验解释**

实验中你会发现纸没被切断而苹果却被切了个口子。这是因为做纸用的纤维比苹果结实，有韧性。你还可以用其他水果重做这个实验，看看结果是不是一样。

鼓起的镜面

汽车上装有曲面反光镜，司机可以从镜中看到旁边的路况。曲面反光镜跟我们平时照的镜子可不一样，它的镜面鼓鼓的，呈圆弧形。你知道镜面为什么要做成这种形状吗？做做下面的实验你就知道原因了。

◆ 准备材料
①一把不锈钢汤勺
②一块洗碗布

◆ 实验步骤
1. 用洗碗布把汤勺擦亮。
2. 面向汤勺的凹面，仔细观察。
3. 转动汤勺，面向汤勺的凸面观察。

◆ 实验解释
通过实验观察你会发现，从凸起的镜面中看见的影像比凹面的多许多，即凸面镜的可视范围更大。

万花筒

神奇的万花筒，摇一摇，就可以看到不同的图案，你玩过吗？

◆ 准备材料
①3片一模一样的长方形镜片
②一卷胶带
③一张半透明的描图纸
④颜色鲜艳的小纸片
⑤一张硬卡纸

◆ 实验步骤
1. 用胶带把3片镜片小心地粘在一起，形成一个三角柱，要注意把亮面朝内。
2. 把半透明的描图纸剪成一个三角形，周围留一点边。把描图纸粘在三角柱的底边，做一个三角形的盒子。然后，把颜色鲜艳的小纸片放进盒子里。
3. 同步骤2，用硬卡纸剪成一个三角形，贴在三角柱的顶面，并在这张硬卡纸上挖一个小洞。如此，万花筒就做成了。
4. 把万花筒朝向明亮处，透过小孔观看里面的图案，非常漂亮。摇一摇，再看，又是另外一种漂亮的图案。

◆ 实验解释
把万花筒朝向明亮处，光就会从半透明的描图纸上透进去，照在彩色的小纸片上。万花筒里面的镜子把彩色纸片上的光多次反射，形成美丽的图案。而每次摇动一下之后，小纸片的位置就会变化，因而光也就会变化，从而形成不同的图案。

刺耳的收音机

夏天，常常有雷雨天气。雷雨出现时，收音机经常会发出刺耳的杂音。这些杂音是怎么产生的呢？

◆ 准备材料
①收音机
②一个气球
③细线

◆ 实验步骤
1. 打开收音机，将音量调小。
2. 把气球吹大，用细线扎紧气球口。
3. 将气球在毛衣或干净的头发上摩擦数次。
4. 将气球靠近天线（不要碰到天线），收音机里就发出了刺耳的声音。

◆ 实验解释
吹大的气球经摩擦后，表面聚集了很多电荷，靠近收音机天线时，会产生类似于闪电的电磁波，从而干扰收音机对信号的正常接收，使收音机发出杂音。在雷雨天，云层和地表间的电荷也会对收音机产生电磁干扰，从而出现杂音。

简易色谱解析

每天我们都能看到许多缤纷绚丽的色彩，那么对色彩，你究竟知道多少呢？下面这个实验将教你如何把色彩解析出来，让你了解更多关于色彩的知识。

◆准备材料
①一支（水性）红签字笔
②一个滴管
③一张吸水纸
④一杯清水

◆实验步骤
1. 用红签字笔在吸水纸上画一个圆圈。
2. 用滴管滴出一两滴清水在圆圈上。
3. 将吸水纸平放在桌面上，仔细观察圆圈的变化。

◆实验解释
吸水纸上原来的大红圆圈变成了以粉红色为中心、环绕黄色的同心圆。产生这种现象的原因是：每种颜色的溶解度及附着力都不尽相同。利用这两种特性，我们便能轻易地将红色签字笔水内的颜色一一解析出来。

抽水马桶

你知道抽水马桶的盆部是怎样进水的，又是怎样排水的吗？下面的实验会告诉你答案。

◆准备材料
①一个塑料瓶
②一个圆规
③剪刀
④两根塑料弯脖吸管
⑤一个碗
⑥水
⑦水槽

◆实验步骤
1. 用圆规的尖脚在塑料瓶的中部戳一个洞。
2. 将弯脖吸管插进洞里，弯管长的一端在瓶里，短的一端留在外面。在吸管外面一端的顶部，用剪刀剪两个斜口，以方便将另一支吸管套接进去。
3. 再将塑料瓶放入水槽，底部垫一个翻转过来的碗。打开水龙头，让水流慢慢地流进瓶里，仔细观察瓶中的水流变化。

◆实验解释
当水位上升到吸管弯脖的位置时，瓶里的水马上就被吸管吸走了。假如吸管在瓶子里的那一端插到底部，那么瓶子里的水差不多会被吸得一干二净。接着，水又继续流进瓶里，当水位升高到弯脖位置时，同样的情况又发生了。水位升高到弯脖的位置，意味着在瓶里的吸管中的水也升到了同样的高度。这股水很快地流入吸管在瓶外的那一端，其余的水紧跟其后，也流向瓶子的外面，一直到瓶里的水流尽为止。这种现象叫作虹吸现象。

会开花的蜡烛

逢年过节的时候，小朋友总爱在漆黑的夜里玩烟花。那"噼啪"作响的火花，在夜幕的映衬下，宛若仙女手中的仙棒，让人产生无限遐想。事实上，我们平时也可以用蜡烛来玩烟花游戏。

◆准备材料
①一支蜡烛
②一个新鲜橘子
③火柴

◆实验步骤
1. 在一间光线较暗的房间里，将蜡烛点燃。
2. 将橘子皮逐渐靠近烛火边，同时用力挤压橘子皮。

◆实验解释
在烛火旁用力挤橘子皮时，橘子皮所含的挥发性植物油便溅了出来。植物油遇火燃烧，于是便产生了火花。

打结的水

水能打结，多么奇怪的事啊。这有可能发生吗？当然，只要我们多去了解一些科学原理，就能明白其中的奥妙了。

◆准备材料
①一个纸杯
②一把凿子
③一杯清水

◆实验步骤
1.在纸杯底部，用凿子凿出两个洞，距离不可太远。
2.将杯子拿起来，并向杯中缓缓地注入水。
3.用手指把流出来的两道水柱轻轻一扭，便成一道水柱。

◆实验解释
水的表面张力是水能打结的关键。因为表面张力使得水柱的面积缩小，借手指做桥梁，便能轻易地将很接近的两道水柱连接成一道大水柱。

水下的声音

鲸是海洋里最大的哺乳类动物，它们有着自己的语言，能在广阔的大海里相互交流。不过，你知道它们在水下是如何交流的吗？

这是什么东西？

◆准备材料
①两个橡皮薄膜气球 ②桌子 ③水

◆实验步骤
1.吹大一个气球，将口扎好。
2.将第二个气球的吹嘴套进水龙头，慢慢地注入水，当大小跟第一个气球差不多时，停止注水，扎紧口部。
3.将两个气球放在桌上，用手指弹叩桌面。用耳朵贴着气球仔细倾听弹叩声，接着再贴着盛水的气球听弹叩声。

◆实验解释
声音能传到我们的耳中是因为我们周围的空气受到了声波的振动。空气中含有很多微细的粒子即分子，分子与分子之间相隔着一定的距离。由于水分子之间相隔的距离要小得多，它们传送声波的振动要容易得多，所以听到的"水球"的声音更清晰。由于水传送声音的本领比空气大得多，所以海豚或鲸可以在比较远的距离实现交流（在空气中就不可能了）。

自动跳开的纸杯

用力一吹，纸杯就能自动跳离，真是好玩极了！你想不想试一试呢？

◆准备材料
两个纸杯

◆实验步骤
1.把两个纸杯重叠好后，搁在桌面上。
2.用力朝两个纸杯连接处吹气，里面的纸杯便迅速地跳离开来。切记，不能用手去碰纸杯。

◆实验解释
当我们朝两个纸杯的连接处吹气时，所吹出来的气会将纸杯重叠位置处空隙中的空气替换出来，同时还会产生一股压力，迫使处在内层的纸杯在这种挤压下自动跳离。

吸过来的火焰

风吹过火焰，火焰反而向风吹来的方向倾斜，仿佛被风吸过来一般。你见过这种奇观吗？下面的实验将为你展示这一奇观，快来欣赏吧！

◆ **准备材料**

①一个三角形漏斗

②一支蜡烛

③数根火柴棒

◆ **实验步骤**

1. 将蜡烛点燃。

2. 拿起三角形漏斗，尖口朝向自己，宽口朝向蜡烛，然后向蜡烛吹气。此时，火焰不但没有熄灭，反而倾向三角形漏斗。

◆ **实验解释**

当我们用三角形漏斗向烛火吹气时，所吹出来的风与空气对流，从而形成一股气流，对流快的地方，压力便相对减弱，周围较大的压力迫使烛火朝向吹气的人。而旁人看起来，就好像是三角形漏斗把烛火吸过来一样。

岩石上升

地壳是由那些来自地球内部很深的地方的岩石构成的。这些深层的岩石是怎样来到地球表面的呢？

◆ **准备材料**

①一个宽颈果汁瓶

②一个圆规

③一枚大头针

④一个圆形带盖小药瓶

⑤水

⑥油

◆ **实验步骤**

1. 在果汁瓶内装半瓶水，再将油灌进小药瓶。

2. 用圆规脚在小药瓶的盖上扎5个洞。

3. 将大头针扎进其中的一个洞。

4. 捏着大头针，将小药瓶推入果汁瓶底部。

◆ **实验解释**

油滴从瓶盖的洞上冒出来，升到水面上。油的比重比水小，也就是说，油滴的重量要比同样体积的水滴的重量轻。所以油滴会漂浮在水面上。要是油处在水底的位置，它就会升向水面。

地球的内部由表及里可分为地壳、地幔、地核3个圈层，它们均由岩石构成。由于地球内部温度很高，岩石受热之后会形成固体的岩滴。固体岩滴不断向地表推进，其热量不断软化地壳，发展到一定程度时，它就能突破重重障碍来到地表。

火山喷发实验

火山的喷发类型各不相同，为什么会有这种区别呢？下面我们来做一个演示实验，你就会明白为什么了。注意要在室外做这个实验哟！

◆ **准备材料**

①3个圆形带盖小药瓶

②一个圆规

③小苏打粉若干

④醋

⑤玉米粉

⑥一把咖啡匙

◆ **实验步骤**

1. 在3个小药瓶里倒进醋，各倒半瓶即可，将一匙玉米粉放进其中的一个小药瓶里。

2. 在装玉米粉的那个小药瓶的瓶盖上扎10个洞，在另外两个中的一个小的瓶盖上也扎10个洞，第三个小药瓶的瓶盖不扎洞。

3. 将3个瓶盖打开并翻过来，每个瓶盖里都放一点小苏打，然后盖上盖子。小苏打很快掉进瓶里。立即退后一段距离，注意观察现象。

◆ **实验解释**

在放玉米粉的那个药瓶里，你会看到一些气泡从盖上的小洞里冒了出来。接着黏稠的液体会从瓶口处流淌出来。瓶盖未扎洞的那个药瓶，瓶盖猛地弹开，液体喷涌，接着再慢慢流淌。那个盖上扎有洞的第二个药瓶，白色的液体从小洞里向外射出，像喷泉一般。小苏打和醋混合后产生了大量气体，小小的药瓶很快无法容纳这些气体。这些气体逃逸出瓶子，顺便将液体也带了出来。

火山喷发也是同样的道理。地层深处的热熔岩中含有大量气体，它们破地而出时，带出了液态的岩浆。如果岩浆不黏稠，就会流出或者喷出。如果太黏稠，就会堵塞出口。

溶化速度比赛

用同样的水溶化方糖，怎样才能使方糖溶化得更快一些呢?

◆准备材料

①一玻璃杯水
②两块方糖
③一个金属盖子
④一把铁锤
⑤两个玻璃杯

◆实验步骤

1. 把金属盖子放在桌上，用铁锤在盖子中敲碎一块方糖，敲得越碎越好。
2. 在两个玻璃杯中分别装上等量的、温度相同的水。
3. 在一个杯子中投入一块完整的方糖，然后很快地把敲碎了的方糖颗粒倒进另一个杯子里。

◆实验解释

过不了多久，你就会发现敲碎的方糖都溶解掉了，而完整的方糖只溶解了一半左右。原因是这样的：在方糖溶解的过程中，水分子总是溶解它的外层，层层剥离，直到全部溶解。当方糖被敲碎后，方糖有许多外层表面同时被水包围，这样溶解的速度自然就快多了。

绕圈的蛇

在晴朗的天气里到郊外踏青，如果突然从草丛里蹿出一条蛇，你该怎么办?第一，要镇定，以免吓到蛇从而使它展开攻击行动。第二，不要一股脑儿地往前跑，要沿"S"形路线跑，这样才能摆脱蛇的追击。下面我们来做一个纸蛇的游戏。

◆准备材料

①一张图画纸
②一小块肥皂
③剪刀
④一个装水的脸盆

◆实验步骤

1. 在图画纸上画一条盘起来的蛇，并用剪刀将图形裁下。
2. 在蛇的尾部剪个开口，并夹住小肥皂片。
3. 把做好的蛇放入装水的脸盆中。

◆实验解释

水具有表面张力。当我们把纸蛇放入水中时，蛇尾的肥皂块将内圈水的表面张力破坏，从而造成外侧水的表面受到拉力，从而使得蛇在水面上不停地转动。

滴血的花

传说中有位美少女，因拒绝了恶魔的求爱，恶魔一气之下，便施咒将她变成一朵花。从此以后，当人们不小心割破它的茎时，就可以看见这朵花在伤心地淌血。这种传说中的花，我们真的可以做出来，你相信吗?

◆准备材料

①数朵草本类淡色花
②一瓶红墨水
③一把小刀

◆实验步骤

1. 将花茎插到红墨水中，约一两天的时间，直至花朵变色，花茎不再滴水为止。
2. 用小刀切去一小截花茎。
3. 没多久，便可以从茎的切口上，看见点点落下的"血"滴。

◆实验解释

滴血的花是利用植物的毛细现象这一原理制作而成的，因此，实验时必须将花茎插在红墨水中浸泡一两天，让茎充分地吸收红墨水。当切开在墨水中浸泡过的花茎时，茎内的红墨水便宛若血液般滴落下来。

乱跳的爆米花

如果不是亲眼所见谁也不信。面对乱蹦乱跳的爆米花，你或许只有捂着脸躲避的份儿了。

◆ **准备材料**

①爆米花

②一把塑料匙

③一条毛巾

④一个盘子

好吃又好玩的爆米花，我喜欢！

◆ **实验步骤**

1. 把塑料匙在毛巾上摩擦几下。

2. 用塑料匙去舀爆米花。

◆ **实验解释**

在实验中你会发现，爆米花到处乱蹦，有的粘在匙上，有的还会四处乱飞。这是因为爆米花受到带电荷的塑料匙的吸引，电荷传递到爆米花上，使爆米花带电，而所有的爆米花又都带着相同的电荷，所以会产生互相排斥的现象。

匍匐前进的纸蛇

让我们再来做一个有关蛇的游戏。如果有一条纸做的假蛇，在不用手、不用风吹的情况下，你能让它自己前进吗？

◆ **准备材料**

①一根吸管

②一张吸墨纸

③一杯水

④一把剪刀

◆ **实验步骤**

1. 在吸墨纸上先画出蛇的形状，并将它剪下来。

2. 把纸蛇的蛇身横着折成折皱状，平置在桌上。

3. 手拿吸管，并用食指压住吸管顶端，将它插入装有水的杯中，然后拿出杯外，食指放开，将水滴在纸蛇身上。注意观察纸蛇是否会前进。

◆ **实验解释**

纸蛇会匍匐前进。其原因也是毛细现象。当水滴到纸蛇身上时，水会因纸纤维的毛细现象向周围扩散，折皱处也随之扩张，纸蛇就开始"爬动"啦。

不会湿的纸玩偶

用纸做的玩偶在水下竟然不会湿掉？听起来比较难，事实上很容易做到。用我们的小玩偶在水下试一试就知道了。

◆ **准备材料**

①一张图画纸

②一把剪刀

③一支铅笔

④一个圆规

⑤一个装水的脸盆

⑥一个纸玩偶

⑦一个透明玻璃杯

◆ **实验步骤**

1. 先用圆规在图画纸上画一个与杯口大小一致的圆，上面立着贴上自己喜欢的纸玩偶。

2. 将纸沿圆剪开，并将玩偶浮在装水的脸盆上。

3. 再用透明玻璃杯盖住纸玩偶，并垂直压到水下。

4. 仔细观察杯内的情形。

◆ **实验解释**

你会观察到，水并没有进入杯内，而纸玩偶也没有被浸湿。当玻璃杯逐渐往下压时，因纸玩偶的底部填满杯口，阻止杯内的空气外流，空气压力会阻止水的灌入。因此，无论玻璃杯沉入脸盆多深，纸玩偶都不会湿。

囚禁气体

一块坚硬的岩石也能"囚禁"气体吗?动手试试你就知道了。

◆准备材料

①一个玻璃杯
②水
③面粉
④醋
⑤一把咖啡匙
⑥小苏打粉

◆实验步骤

1.向杯中放一匙小苏打粉和三匙面粉,搅和均匀。

2.向杯中加一匙醋,再搅和。

3.杯中立即起了化学反应。你在一旁等待,直至反应结束。最后,杯中会出现凝结块。这时,不用去管它,放置一天,让其自然干燥,凝结成干块。

4.向杯中倒水,然后用匙柄击碎凝结块。注意观察现象。

◆实验解释

你可以观察到,一些气泡会从击碎的凝结块处冒出,上升到水面后破裂。小苏打跟醋混和产生化学反应,放出一种气体,你在操作之初看到的气泡就是这种气体。醋中的水分跟面粉搅和在一起形成凝结块,它把一部分气体包裹起来。当凝结块被击碎时,气体就逃逸出来了。由此可见,一块表面紧密的固体物是可以包容气体的。

在地球深层的岩石中"囚禁"着很多气体,它们被厚厚的岩层压着,不能逸出。但当火山爆发或是地壳出现裂缝时,它们就能逃逸出地面,最终进入大气层。

为什么不能用铝锅煎药

铝锅能用来煮饭,但为什么不能用来煎药呢?

◆准备材料

①两块口香糖
②醋
③一个杯子
④一条毛巾

◆实验步骤

1.取下两块口香糖上的铝箔。

2.向杯中倒入小半杯醋。

3.把一条铝箔浸在醋中。

4.三天后取出铝箔,用毛巾擦干。

5.比较两条铝箔。

◆实验解释

被醋液泡过的铝箔颜色较暗。醋是一种带酸性的液体,而铝这种金属既怕酸也怕碱,会跟酸性、碱性物质发生化学反应,生成新的物质。存放了一段时间的食品和中药材,都会或多或少地含有酸性或碱性物质,因而不适宜用铝质器皿存放或进行热加工。所以,铝锅只适合用来煮饭烧水,而不适合长时间存放食物,更不能用来煎中药。

玻璃上的冰花

冬天的早晨,北风在窗外"呼呼"地吹,拉开窗帘,你会发现玻璃窗上布满了冰花,真美丽啊。是谁在一夜之间,在玻璃上描绘了这么多美丽的图画呢?

◆准备材料

①一杯热水
②一个玻璃片

◆实验步骤

1.将玻璃片放在热水杯上,直到玻璃片沾上水汽。

2.立即把玻璃片放入冰箱冷冻室里。

3.几分钟后拿出来,玻璃片上结了一层冰,有类似冰花的花纹。

◆实验解释

玻璃片放在热水杯上,杯中的水汽就会附着在玻璃片上,再把玻璃片放入冰箱,这时玻璃上的水汽遇冷就形成了冰。玻璃窗隔开了居室的内外,玻璃的两面处于不同的温度和湿度之下,室内的空气热而潮湿,室外的空气冷而干燥。冬天,玻璃周围的气温降到0℃以下时,屋内的水汽一碰上玻璃,便缩成一团,紧贴在玻璃上结成冰,从而形成了我们看到的冰花。

✏️ 不起泡的肥皂水

洗衣服时，我们经常看到一堆堆晶莹剔透的肥皂泡泡，真是好看极了。但你知道吗？只要加一点点特殊的东西，肥皂水就无法起泡啦。

◆ 准备材料
①一杯肥皂水
②一根吸管
③醋

◆ 实验步骤
1. 先用吸管吹吹，看肥皂水会不会起泡。
2. 在肥皂水中滴入少许的醋。
3. 用吸管搅拌均匀后，再吹吹看。

◆ 实验解释
结果你会发现，无论如何用力吹，肥皂水就是不起泡泡。肥皂水具有较强的表面张力，所以能形成球状泡沫。在肥皂水里加醋后，肥皂水中的高级脂肪酸便被醋分解了，所以吹不出泡泡来。再试试向肥皂水中加入盐或糖，看肥皂泡泡是不是还能吹出来。

✏️ 倒地比赛

大人和小孩，同时倒下时，谁会先着地呢？下面我们用两根质地、粗细都一样的木棍来模拟实验一下。找不到木棍，也可以用竹竿来代替。

◆ 准备材料
①一根1米长的木棍
②一根40厘米长的木棍

◆ 实验步骤
1. 将两根木棍并排直立放好，彼此相隔几厘米。
2. 用指尖稳住木棍，并稍微前倾，使两根木棍倒向同一方向。
3. 同时放开双手，看看两根木棍谁先着地。

◆ 实验解释
短一些的木棍会赢得每次比赛，总是先倒在地上。这是因为长一些的木棍的平衡点比短一些的木棍的平衡点要高，而平衡点离地面越近，物体倒下去的时间就越短。所以小孩与大人相比，倒下后会先着地。当然，这并不表示重心高的物体会比重心低的物体稳，事实正好相反，重心低的物体比重心高的物体要稳定且不容易摔倒。只是，在同样向下倒时，重心高的物体倒得慢一些而已。

✏️ 吃哪个鸡蛋

生鸡蛋和熟鸡蛋从外表上看起来都一样，当把它们混放在一起时，你能在不打破鸡蛋壳的情况下分辨出它们吗？

◆ 准备材料
①两个生鸡蛋
②一个熟鸡蛋

◆ 实验步骤
1. 把3个鸡蛋放在桌上，轻轻旋转每个蛋，注意观察现象。
2. 轻轻碰触旋转的鸡蛋，看发生了什么。

◆ 实验解释
实验中你会看到，其中两个鸡蛋只是摇摇晃晃地摇动着，另一个鸡蛋则会旋转起来。旋转的这个蛋就是熟鸡蛋。当你轻轻碰触旋转的熟鸡蛋时，它会很快停止旋转。而生鸡蛋则在你碰触后，仍会继续摇动。为什么会这样呢？这是静者恒静、动者恒动的惯性原理。生鸡蛋里有稠液态的蛋白和蛋黄，与蛋壳不是一个整体，蛋壳转动，稠液态的蛋白和蛋黄还要保持原来的静态，这就使它在旋转时摇摇晃晃，且在你阻止以后还会继续摇动。熟鸡蛋中的蛋白和蛋黄成了固体，并与蛋壳组成一个整体，所以会一起转动，其惯性也较易受外力影响，转起来较明显，停下来同样比较迅速。

第二单元 NO.2

□ 魔术变变变

想想魔术吗？跟我来吧。

魔术在古代是巫师祈求天神、威慑族人、建立权威的神秘手段。现代魔术则是一种寓教于乐的文艺形式。它以严谨的科学知识为基础，与娴熟的动作技巧相配合，让观众亲眼目睹一些本来不可能发生的事，让观众产生"不可思议、奇妙极了、钦佩极了"等心理感受。在这一单元中我们也来练几手魔术，体验一下当魔术师的"神奇"。

变出你想要的那张扑克

用一面普通的镜框，魔术师能变出你所想要的那张扑克牌。

★现场表演

1. 魔术师拿出一个长方形的报纸包和一副扑克牌。
2. 打开报纸包，拿出一面普通镜框。
3. 向观众展示镜框，这是一个空白的镜框。
4. 用报纸按原样包好镜框，并请一名观众拿好。
5. 魔术师在扑克牌中抽4张不同花色的"8"，并将这4张牌并排摆放在桌上。
6. 接着请另一位观众在4张"8"中挑出2张。
7. 然后，魔术师请拿镜框的观众在剩下的2张"8"中挑选出一张，他挑中了梅花8。
8. 魔术师打开报纸包，向观众展示镜框，镜框里面竟神奇地出现了一张一模一样的梅花8。

我怎么变不出来呢？

★魔术大揭秘

为什么魔术师能在原本空白的镜框里变出那张观众想要的梅花8呢？

其实镜框中早已藏好了一张梅花8，并用特殊的办法使观众选定与此相同的梅花8。

★所需材料

1. 一面白色内框的普通镜框
2. 一块薄铁皮
3. 两张报纸
4. 一张白纸
5. 两副扑克牌
6. 剪刀
7. 胶水

啊，太神奇了！

★前期准备

1. 用薄铁皮做一个和镜框内框大小一样的假框面，一面贴成和镜框内框一样的白色，另一面贴上报纸。
2. 表演前在镜框中放上1张梅花8，用假框面盖住它，把安上假框面的镜框包到1张报纸中。

★变法

1. 表演开始时，魔术师打开报纸包，让观众看清被假框面盖住了的空白镜框，然后照原样包好。注意要将镜框面朝下扣放在报纸上。包好后请一位观众拿在手上。
2. 从另一副扑克中找出4张不同花色的"8"摆在桌上。再请一位观众从中选出2张。如果他选出梅花8和任意另一张牌，魔术师可以将未被选中的2张牌收起，把观众选出的牌留在桌上。如果他没选出梅花8，魔术师就根据桌上剩下的牌变魔术。总之，要使桌上的两张牌中有一张是梅花8。
3. 请拿镜框的观众在留下来的2张牌里选一张。如果他选梅花，就用他选的牌往下变。如果他没选梅花，那么魔术师就可以说："梅花8留给我了？好！就用它来变一个魔术。"
4. 魔术师将选中的梅花8向观众展示，然后打开观众手里的报纸包，拿起扣放的镜框，附在下面的假框面会留在报纸上，因其背面贴有报纸，可以混在报纸中不被人发现。另外还可以随手将报纸角折起盖住假框面，以更好地掩护它。

神奇的变色纸环

魔术师没有借助任何道具，在简单的表演中将3个黄色的圆环全部变成了花色圆环。

★现场表演

1. 魔术师拿出3个同样大小的黄色圆环。

2. 将3个圆环合拢，完全重叠在一起。再展开时，中间一个圆环就变成花的了。

3. 魔术师将这个花环放到两个黄环之后，又将3个圆环合拢，完全重叠在一起。

4. 将整叠圆环翻转，再展开，又有一个圆环变成了花的。

5. 魔术师将中间那个没有变化的黄色圆环取出，把黄环两面展示给观众看，都是黄色的。

6. 魔术师把这个黄环放在两个花环之后，将3个环合拢再展开，3个环都变成花的了。

7. 魔术师把花环展示给观众看，两面都是花的。

★魔术大揭秘

为什么魔术师能把3个黄色圆环变成3个花色圆环呢？

其实，魔术师使用了4个圆环，每个圆环都是一面黄色一面花色。

★所需材料

1. 一张硬纸片或者薄塑料片

2. 黄、花两种颜色的即时贴

3. 一个圆规

4. 一把剪刀

> 哈，真是太神奇了！

> 让我想一想，他到底是怎么变的。

啊！

★前期准备

1. 将硬纸片或者薄塑料片剪成直径约20厘米、环宽约6厘米的圆环。

2. 每个圆环两面都分别贴上黄、花两种颜色的即时贴。

3. 表演前，4个圆环的排列顺序为前面3个圆环黄面朝外，最后那个圆环花面朝外。

4. 当4个圆环重叠时，整叠环两面都呈现黄色。

★变法

1. 表演开始时，魔术师展示给观众看的只有3个黄环，因为后面两个环花面相向重叠成一个环，两面都呈现黄色。

2. 将这个两叠环向观众展示，暗示其他两个圆环双面也都是黄色的。

3. 把这个双叠环放在另外两个圆环前面，3环合拢。

4. 用左手拇指和中指轻轻勾住两边圆环，放下中间的两个圆环，右手上去接住。注意：两环一定不能错开，要叠合整齐后取出。

5. 因为中间两环黄面相向重叠，花面朝外，于是就变成了双面花环。

6. 把取出的花环放在最后面，4环合拢，并把它整个翻转。

7. 仍旧用左手拇指和中指勾住两边圆环，放下中间的两个圆环，用右手接住。

8. 魔术师展开左手两环，因为花面朝向观众，让人误以为是黄环变成了花环。

9. 魔术师向观众展示右手中双环形成的黄环，环两面都是黄色的。

10. 把黄面双环放在左手上的两个圆环后面，仍旧用左手拇指和中指勾住两边圆环，放下中间两个圆环，这两环因为黄面相向重叠而成为花色双环。

11. 取下中间双环向观众展示它两面都是花的。

12. 然后把这个双环放到最后面，合拢整叠圆环，向观众展示正反两面都是花的，暗示所有圆环正反两面都变成花的了。

13. 注意：表演时后面不能有观众，否则会泄露魔术的秘密。

红玫瑰变白玫瑰

魔术师把红玫瑰花瓣变成红绸巾，又用红绸巾把红玫瑰变成了白玫瑰。

★现场表演

1. 魔术师手里拿着一朵红玫瑰。
2. 摘下一片花瓣，轻轻地吹一口气。
3. 花瓣变成了一条与红玫瑰同样颜色的绸巾。
4. 把红绸巾打开，向观众展示两面，表示里面没有隐藏任何东西。
5. 用红绸巾把红玫瑰盖上，举起，向观众展示。
6. 揭开红绸巾，红玫瑰变成了白玫瑰。

★魔术大揭秘

魔术师是怎样把红玫瑰花瓣变成红绸巾的呢？又是怎样用红绸巾把红玫瑰变成了白玫瑰的呢？

其实这朵红玫瑰是特制的，红玫瑰中套着一朵白玫瑰，而红绸巾则是事先藏在手里的。

你是我变的吗？

★所需材料

1. 两枝绢制玫瑰花（一枝红色，一枝白色）
2. 一块红绸巾
3. 一些厚纸
4. 红色即时贴
5. 一把剪刀
6. 胶水

★前期准备

1. 用硬纸做一个可套在白玫瑰上的小圆筒，要刚好能套住花，不能太松也不能太紧。
2. 用红色即时贴把小圆筒粘成红色，把红玫瑰花瓣从枝头摘下，按花的形状一片一片地粘到圆筒上，使它看上去像红玫瑰。
3. 将白玫瑰花瓣轻轻收拢，捏紧，小心地塞进假红玫瑰中间的小圆筒里，直到红玫瑰完全遮住白玫瑰。
4. 把红绸巾卷成花瓣大小，捏在手心里，不要让观众看见。
5. 表演前一手拿着特制的红玫瑰，一手捏住绸巾。

★变法

1. 魔术师向观众展示红玫瑰，同时捏红绸巾的手要尽量自然随意，不能让观众看出手里有东西。
2. 魔术师假装取花瓣，将手中捏着的绸巾自然地推出，捏在手指上。
3. 观众会把捏小的红绸巾误认为花瓣，这时魔术师捏住绸巾一角，用手一抖，红绸巾展开，花瓣变成了红绸巾。
4. 魔术师用绸巾盖住红玫瑰，趁机捏住假红玫瑰的筒套，与红绸巾一起取下。
5. 红玫瑰于是变成了白玫瑰。

我要把它成蓝色的

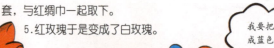

剪不断的绳子

　　一根被剪断了的绳子在魔术师的手里一会儿就接好了，根本看不出断痕。

★现场表演

1. 魔术师拿出一根长绳，把绳子的两头夹在左手拇指和手掌之间，再用右手将绳子的中间提起。
2. 将绳子的中间放到拇指和手掌之间，然后用剪刀把绳子圈剪断。
3. 这时魔术师手上一共有4个绳头。
4. 把两边的绳头放下，绳子看上去明显断成了两根。
5. 魔术师用剪刀修剪了一下绳头，展示给观众看。
6. 魔术师把绳子断头处捏在手中捻搓，并吹了一口气。
7. 将绳子抖开，绳子完整如初。

★魔术大揭秘

　　绳子明明被剪断了，魔术师是怎样在瞬间把绳子接好的呢？难道他吹的是仙气吗？

　　其实绳子并没有真的被剪断。

★所需材料

1. 一根1.5米长的软绳　　　2. 一把剪刀

★前期准备

　　略。

★变法

1. 表演开始时，魔术师先把两个绳头夹在左手拇指处。
2. 然后将绳子中间提起，当提到左手手掌边时，右手手指趁机勾住外边那根绳头的下部。
3. 同时，放掉绳的中部，将绳头下部拉起，假装又拉起了绳的中部并放到左手上。
4. 用剪刀把绳圈剪开。看上去绳子从中间剪断了，实际上只是剪掉了部分绳头。
5. 将两边绳头放下，看上去绳已成为两根，用剪刀修齐绳头时，趁机将短绳剪碎扔掉。
6. 将绳的中部握在手中捻搓，做出接绳的样子，然后展开绳子，绳子就接好了。

魔术是不是很好玩啊？

口中串珠

　　散乱的珠子在魔术师口中自动穿成一串。

★现场表演

1. 魔术师当众泡了杯浓茶，把盘中散乱的珠子一粒粒放入口中。
2. 魔术师喝了一口茶，用毛巾擦了下嘴。
3. 接着把一段细线揉乱放入口中。
4. 最后，魔术师从口中拉出一串穿好的珠子。

★魔术大揭秘

　　难道珠子和线会在魔术师口中自动穿好吗？其实珠子事先就穿好了。

你躲在这是不是偷偷学艺啊？

★所需材料

1. 若干散珠子
2. 一段细线
3. 茶叶
4. 一条毛巾
5. 一个茶杯

★前期准备

　　事先将部分珠子用线穿好，藏在毛巾里面。

★变法

1. 魔术师把散珠子一个个放入口中。
2. 喝茶时趁机把珠子吐在茶杯中。
3. 然后假装擦嘴，把毛巾里面准备好的珠串放入口中。
4. 把线塞入口中，并压在舌头底下。
5. 嘴巴假装动几下，表示在穿珠子。
6. 最后拉出珠串。

嘿嘿，其实我的嘴巴并不会穿珠子。

空盒变糖果

空荡荡的盒子在魔术师的手里神奇地变出了满满一盒糖果。

★ 现场表演

1. 魔术师拿出一个木盒。
2. 打开这个结构和抽屉相似的木盒，展示给观众看，里面是空的。
3. 把木盒关好，魔术师伸手从空中抓一把空气向盒子扔去。
4. 再打开木盒时，里面装满了五颜六色的糖果。

★ 魔术大揭秘

为什么空盒突然变出了糖果呢？难道魔术师真的把空气变成了糖果吗？

其实盒子是特制的双层盒。一层是中空的，一层是装满糖果的，两个盒子套在一起。

★ 所需材料

1. 几块木板　2. 一把锯子　3. 一把锤子
4. 油漆　5. 若干糖果

★ 前期准备

1. 一共要做三个可复合在一起的木盒。
2. 最里面的一个有左右前后下五个面。
3. 中间的盒子有左右前下四个面，即没有后板。
4. 最外面的有上下左右后五个面，即没有前板，里面的盒子可以像抽屉一样自由出入。
5. 里盒和外盒后板的相同部位上开有可伸进手指的圆洞。
6. 在最里面的盒子里装满糖果。

> 太好了，我最爱吃糖果了。

> 原来是这样，那我也会变了啊！

★ 变法

1. 魔术师第一次拉开盒子时，手指从外盒上的洞中伸进，勾住最里面的内盒，被拉开的是处于中间的没有后板的空盒。
2. 第二次拉开盒子时，不再用手指勾住内盒，双层盒子会一起打开，空盒中就像变出了糖果。

墨汁变金鱼

鱼缸的墨汁转眼间变成清水，里面还有几条美丽的金鱼。

★ 现场表演

1. 桌上摆着一个玻璃缸，里面盛满了黑色墨汁。
2. 魔术师用毛笔在鱼缸里面蘸了一下。
3. 然后在白纸上写"墨汁变金鱼"几个字，并向观众展示。
4. 墨汁明显是真的，因为字迹都是湿的。
5. 魔术师在玻璃缸上盖上一块黑色的大绸巾，口中念念有词。
6. 最后，魔术师把大绸巾向上一提，墨汁变成了清水，还有几条美丽的金鱼在游来游去。

★ 魔术大揭秘

为什么墨汁会变成清水呢？金鱼又是从哪里来的呢？其实玻璃缸里本来装的就是清水和金鱼。

★ 所需材料

1. 一个玻璃缸
2. 几条金鱼
3. 水
4. 一支毛笔
5. 墨汁
6. 几张透明黑色塑料纸
7. 一张白纸
8. 黑色细线
9. 一块黑色绸巾
10. 一把剪刀

★ 前期准备

1. 把塑料纸做成一个四面罩，正好可以罩在鱼缸周围。
2. 在塑料纸罩两边拴上细线。
3. 把鱼缸罩好，远看上去就像是一缸墨汁。
4. 表演前毛笔要蘸满墨汁，但墨汁不能滴下来。

★ 变法

1. 魔术师先让观众看罩好了的鱼缸，告诉观众鱼缸里是墨汁，让观众误会。
2. 然后拿出毛笔，假装在鱼缸里蘸墨汁，写字。
3. 用绸巾盖上鱼缸，揭开时暗提黑线，将黑罩与绸巾一起揭起。
4. 鱼和清水现出原状。

注意：这个魔术在表演时需要表演者离观众较远。

会跳舞的红球

　　红球就像是有了灵性，在魔术师的指挥下上下起舞，带着绸巾飞来飞去。

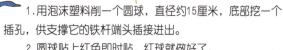

> 红球，在空中跳个舞吧！

★现场表演

1. 魔术师拿出一个红球，放在桌上的支架上。
2. 用一块蓝色绸布轻轻盖住红球。
3. 魔术师说红球会听他的话，他让红球去哪里红球就去哪里。
4. 魔术师对红球说："飞到空中去。"
5. 红球果然带着绸巾慢慢地升到空中。
6. 魔术师说："不要害羞，快从绸巾里飘出来，和我们的观众见个面。"
7. 红球真的慢慢从绸巾里飘了出来。
8. 魔术师又说："好了，你带着绸巾在空中跳个舞，然后回到你的位置上去。"
9. 红球听话地飘进绸巾，并带着绸巾在空中飘上飘下，好像在跳舞。
10. 最后，红球飘回到支架上。

★魔术大揭秘

　　为什么红球会听魔术师的话呢？为什么它还会飞呢？

　　其实魔术师利用了一根铁丝杆来操纵红球。

★所需材料

1. 一块长、宽、高都等于或大于30厘米的泡沫塑料
2. 一根长约40厘米的粗铁丝
3. 一块蓝色绸巾
4. 一张小方桌
5. 一个可以放球的小支架
6. 少量蓝漆
7. 小刷子
8. 红色即时贴
9. 一根针
10. 线
11. 一把铁钳
12. 一把剪刀

★前期准备

1. 用泡沫塑料削一个圆球，直径约15厘米，底部挖一个插孔，供支撑它的铁杆端头插接进出。
2. 圆球贴上红色即时贴，红球就做好了。
3. 把粗铁丝一头钳成长圆形，方便手拿，另一头4厘米处钳成直角，到时用它插进圆球，整个铁杆漆成蓝色。
4. 注意：绸巾颜色要与铁杆颜色相同，这样才容易迷惑观众。

> 准备好了吗？

> 好了。

★变法

1. 表演开始时，魔术师把红球放在架子上，插孔处露在朝向魔术师那面的下方。
2. 魔术师手拿绸巾，同时拿住铁杆一头。绸巾要遮住铁杆。
3. 魔术师用绸巾盖上球时，顺手把铁杆另一头悄悄插到球孔中。
4. 魔术师控制铁杆，让球随着他的口令慢慢翘起，球就像披着绸巾飘到空中一样。
5. 将绸巾展开，铁杆慢慢伸向绸巾上边缘，就像球飘出来在绸巾上探出头来一样。
6. 在魔术师的控制下，红球再回到绸巾中，飘回到架子上。
7. 魔术师用绸巾做掩护，取下铁杆，藏裹于绸巾中，放到一边。

> 是不是女巫使了魔法呢？

可以站在纸牌边上的花瓶

一个漂亮的瓷瓶能稳稳地站在一张薄薄的扑克牌上。

★现场表演

1.魔术师拿出一副扑克牌，从中随意抽出一张。

2.魔术师又拿出一个漂亮的瓷花瓶。

3.他把纸牌握在手中，将花瓶放到牌的上边缘。

4.花瓶站在纸牌窄窄的边上，不摇不晃。

★魔术大揭秘

为什么花瓶能站在纸牌边上呢？难道它也会走钢丝的绝技吗？

其实牌是经过特制的，它后面附着另一张对折起来的纸牌，两张牌构成了一个稳定的三角支架。

★所需材料

1.一副扑克牌　　2.胶水

3.一个与纸牌差不多高的花瓶

★前期准备

1.抽出两张纸牌，上面一张对折一下，在半边涂上胶水，与下面一张的半边粘在一起。

2.演出前将牌压平，放在整副牌中。

★变法

1.魔术师表演时把特制牌取出，将正反面展示给观众看。

2.由于手指捏紧了可打开的牌边，看上去这张牌同普通牌一样。

3.把这张牌放到手中时，暗中将没粘住的那半张推开，牌边即成为丁字形。

4.这样，花瓶就可以稳稳地放在上面了。

5.可以将这一秘密告诉观众。在他们明白之后，魔术师说其实没有这张牌他也能照样表演。

6.请观众在牌叠中随便抽出一张牌，仔细检查牌上并无任何何机关。

7.把牌立在手中，把花瓶放在牌上。

8.花瓶还是能站在牌边上。

9.原因是魔术师用一根手指代替了对折的牌而成为支点。

大家注意了，我要大揭秘了！

变幻莫测的火柴

一个普通火柴盒一会儿里面空空的，一会儿又装满了火柴。

嘿嘿，原来这么简单！

★现场表演

1.魔术师拿出一盒火柴，打开给观众看，里面是满满一盒火柴。

2.关上火柴盒，再打开，盒里什么都没有。

3.关上再打开，又是满满一盒火柴。

4.魔术师从里面拿出一根点着，确实是火柴。

★魔术大揭秘

为什么火柴会忽有忽无呢？

其实火柴盒两面都贴了商标。

★所需材料

1.两盒同样商标的火柴　　2.胶水

★前期准备

1.把两盒火柴倒空，揭下其中一盒的商标贴在另一盒的反面。

2.在双面都有商标的火柴盒内盒的反面粘一排火柴，看上去像是满满一盒火柴。

★变法

1.魔术师拿出特制的火柴盒，注意别让观众看到盒的反面。

2.第一次打开时，粘有火柴的那一面朝上，让观众看里面的火柴。

3.巧妙地把火柴盒换面，观众不易觉察，因为两面都有商标。

4.第二次打开，盒里就是空的。

5.第三次打开，盒里又装满了火柴。

6.最后，魔术师点燃火柴，证实火柴的真实性。

巧手染红绸

不用染料，魔术师能把白色绸巾染成粉红色的。更令人感到惊奇的是，魔术师将秘密告诉了观众，众目睽睽之下，他又神奇地变出了一条半红半白的绸巾。

> 哈，秘密就在我的口袋里。

★现场表演

1. 魔术师从口袋里拿出一块白色的绸巾。

2. 将白绸巾塞入手握的拳中。从拳头上口塞入，从拳下拉出，拉出来的绸巾都成了粉红色。最后，整块绸巾都被染成了不太均匀的粉红色。

3. 魔术师将这个秘密告诉观众：其实，他用了两块绸巾，一块粉红的，一块白的。表演前要将粉红的一块藏在手中，把白绸巾放在口袋里。

4. 将白绸巾从拳头上塞进去的同时，又小心地在下面抽出事先藏在手上的粉红绸巾，好像白绸巾染成了粉红色的。

5. 魔术师说完又拿出白绸巾，把它塞入拳中，边塞边拉。拉到一半时，魔术师停住了，问观众："如果我现在打开拳头，你们看到的是什么呢？"

6. 观众回答："肯定是一块白的和一块粉红的。"

7. 魔术师将手里拉了一半的绸巾展开。结果，并不是两块绸巾，而是一块半红半白的绸巾。

★魔术大揭秘

魔术师是怎样把绸巾染成粉红色的呢？把秘密说出来后，他又是怎样变出一块半白半红的绸巾的呢？

其实魔术师手里有3块绸巾，一块白，一块粉红，还有一块半红半白。

> 你不知道是怎么回事吧？我来告诉你。

★所需材料

1. 三块同样大小的白色绸巾
2. 两个乒乓球
3. 染料
4. 一把剪刀

> 学会了吗，小魔术师们？

★前期准备

1. 把一块绸巾染成粉红色，把第二块的一半染成粉红色。

2. 把两个乒乓球加工成两头有孔的绸巾套。表演前把粉红绸巾塞入一个球套。

3. 半红半白的绸巾塞入另一个球套，放入右边衣袋中。

★变法

1. 把装有粉红绸巾的球套藏在右手中，并向观众展示白绸巾。

2. 把白绸巾一点点塞入拳中的球套里，同时一点点将球套里面的粉红绸巾拉出。

3. 上面塞入多少，下面就拉多少，使绸巾看上去像是一块。

4. 白绸巾完全塞入球套后，用手指勾出球套藏到右手掌中。

5. 粉红绸巾完全被拉出，展开给观众看，似乎是白绸巾变成了粉红绸巾。

6. 魔术师把秘密告诉观众，边说边把粉红绸巾塞进左手掌中的球套里。

7. 用手指把粉红绸巾完全塞入球套后用手指把它勾出，藏在右手中。

8. 魔术师告诉观众白绸巾要放在口袋里，边说边示范，趁机在口袋里将装粉红绸巾的球套偷换成装半红半白绸巾的球套。

9. 将装半红半白绸巾的球套传到左手中，注意要使粉红色的一端朝下。

10. 魔术师又从口袋里抽出白绸巾，塞到左手中，实际是塞到球套中去。

11. 塞进多少拉出多少，粉红色那半全部拉出时，魔术师说："千万别上面没塞完，下面使劲拉，把粉红的一块全都拉下来，那魔术就失败了。"

12. 等白绸巾完全塞进球套后，用手指勾出球套，其中的半块白绸巾脱出来，留在手上，看上去绸巾仍像只染到一半。

13. 魔术师张开左手，使整个绸巾显露出来，大家看到的是一块只染到一半的绸巾。

会逃跑的红牌

明明看准了红牌的位置，可观众就是抓不住它。

★现场表演

1. 魔术师拿出5张粘在一起的纸牌，前后都展示给观众看。
2. 在5张牌中，前两张和后两张都是黑牌，只有中间一张是红牌。
3. 这5张牌是粘在一起不能移动的，魔术师请观众用回形针从纸牌的背后夹住红牌。
4. 一位观众很快用回形针夹到5张中间的那张牌上。
5. 魔术师翻过牌板，回形针没有夹住红牌。
6. 魔术师又请了一位观众上去。
7. 这位观众仔细选好位置，用回形针夹好。
8. 魔术师翻过牌板，回形针还是没有夹住红牌。

★魔术大揭秘

为什么观众怎么也夹不住选好的红牌呢？难道红牌会逃跑吗？

其实这是牌的特殊排列造成的错觉。

★所需材料

1. 一个回形针
2. 备5张普通纸牌（4张黑色花色和1张红色花色，或者1张黑色花色和4张红色花色）

★前期准备

5张牌一张挨一张排列好，用胶水粘住。

注意：从正面看中间那张必须是颜色不同的纸牌。

★变法

1. 因为这套牌正反两面的排列顺序是相反的，正面最中间那张实际是反面的第一张。
2. 这个魔术非常简单也非常奇怪，一般观众不会很快明白，因此怎么试也抓不住那张红牌。
3. 另外，如果魔术师一直抓住反面第一张牌，那么观众无论夹哪张都是错误的。

别吹了，快去看魔术表演吧，精彩极了！

我不信，太不可思议了！

纸牌变多

魔术师手里只有两张牌，几秒钟内他用两张牌却变出了很多牌。

看清楚了吗？我要开始变了！

★现场表演

1. 魔术师从一摞牌中拿出两张牌。
2. 两手分别拿一张牌，把牌的背面展示给观众。
3. 这是两张非常普通的牌，看上去似乎没有任何问题。
4. 把两张牌合在一起，接着把牌慢慢展开。
5. 牌突然变成了很多张，呈扇形在手中散开。

★魔术大揭秘

明明是两张普通的纸牌，为什么魔术师能在瞬间变出很多牌呢？

其实，两张牌中有一张牌是特制的。

★所需材料

1. 备6张扑克牌
2. 一把剪刀
3. 胶水

真羡慕啊！如果我也会变就好了。

★前期准备

1. 拿出4张牌，每张剪下一个带字码的斜条。
2. 把斜条挨排呈扇形贴到一张牌的斜半张上，表面看上去像是呈扇形展开的几张完整的牌。
3. 另一张牌原样不动。
4. 表演前，没修改过的那张牌叠在贴有牌条的牌上，挡住那些牌条。

★变法

1. 魔术师将两牌合拢，牌背对着观众打开，再次告诉大家"这是两张牌"。
2. 将两张牌合拢，转成贴有牌条的一头朝上。
3. 把牌一点一点捻开，牌看上去就变多了。

哈哈！我学会了。看！我变出了好多星星呢。

> 我是魔术师变出来的，信不信由你。

> 看明白了吗？

十元变百元

魔术师手中拿的明明是一张10元的钞票，被他左折右折后却变成了100元的钞票。

★现场表演

1. 魔术师从钱包里拿出一张10元的钞票。
2. 把钞票左右对折起来。
3. 在一次对折的基础上把钞票再次左右对折。
4. 接着向外从上往下折起 $\frac{1}{3}$ 。
5. 然后顺着从上往下的方向再折起 $\frac{1}{3}$ 。
6. 魔术师做了一个变的手势，把钞票打开。
7. 先把钞票垂直展平，再将钞票横向打开。
8. 结果，10元钱变成了100元钱。

★魔术大揭秘

为什么10元钱能变成100元钱呢？难道魔术师有法术吗？

其实魔术师准备了两张不同面值的钞票，他把两张钞票巧妙地互换了。

> 这是一个秘密，千万别告诉别人哦！

★所需材料

1. 一张面值10元的钞票
2. 一张面值100元的钞票

★前期准备

1. 将两张钞票一端对齐，把对齐那边的 $\frac{1}{3}$ 的面积用胶水粘住。
2. 表演前，把100元钞票折叠起来，藏在10元钞票后面。

★变法

1. 魔术师从钱包里拿出特制的10元钞票，注意不要把粘贴100元钞票的一面朝向观众。
2. 把10元钞票展开，让观众看清楚这是一张10元的。
3. 再把钞票向前对折，再对折。
4. 把钞票上下部往前折拢，使10元钞票成为长方块。
5. 把100元钞票按顺序打开。要注意用手指挡住面向观众的10元钞票折叠成的方块。

6. 100元钞票完全打开时，10元钞票长方块转到100元钞票后面，魔术师用大拇指按住。
7. 表演时，魔术师背后不能有观众，否则就会暴露机关。

一百变两百

一张100元的钞票在魔术师手里变成了两张100元钞票。

★现场表演

1. 魔术师把100元钞票展示给观众看。
2. 将钞票从中间撕开，完全撕成两半。
3. 轻轻吹上一口气。
4. 变出两张100元钞票。

★魔术大揭秘

为什么魔术师能空手将一张100元变成两张100元呢？其实，那张100元钞票中暗藏着另一张100元钞票。

★所需材料

两张面值100元的钞票

> 不会是真的吧？嗯，能不能帮我也变几张呢？

★前期准备

1. 将两张钞票一端对齐，把对齐那边的 $\frac{1}{3}$ 面积用胶水稍微粘住一点。
2. 把其中一张钞票横向对折，再对折，两头向中间折，折成一个小长方块，藏在另一张钞票后面。

★变法

1. 魔术师拿出特制钞票，把没粘住的一面展示给大家。
2. 将钞票对折回半页，同时打开手中100元钞票长方块。
3. 将长方块打开至半页时，迅速同对折回的100元钞票对接。这一动作应在手指遮掩下进行，在观众看来就像是将钞票折起一下又打开。
4. 假装从中间撕开，双手各自将钞票打开，一张100元钞票便变成两张，成为两张100元钞票。

> 好多宝贝呀！

第三单元 NO.3

□ 巧手练思维

　　动手能力的高低是决定大脑潜能能否得到充分开发的重要因素。本单元主要教大家利用生活中常见的材料，充分发挥想象力，化平凡为神奇，制作出各种各样的小艺术品。在快乐的动手过程中，大家的手脑并用能力、创新思维、审美能力都将会得到提升。还等什么呢？赶快过来学一手吧。

快到樱桃园来做客吧！

□ 可爱樱桃园

　　生活中经常有许多漂亮的玻璃瓶被扔掉，你是不是觉得很可惜呢？我们可以用这些瓶瓶罐罐做成精致的小笔筒，这样既可以废物利用，增强节俭意识，又可以充分开发我们的创造性思维。

□ 准备材料

①两个玻璃瓶
②裹绒布的铁丝
③发带
④圆珠笔
⑤胶水
⑥镊子

1.准备好材料。

2.用圆珠笔把裹绒布的铁丝缠绕成螺旋状。

3.将已做好的螺旋状绒布铁丝，用胶水沿瓶口黏合。

4.如图所示，将绒布铁丝弯绕成蝴蝶结状，作为樱桃的叶子。

5.把绒布铁丝卷成螺旋状，并将它的尾端塞入圈圈中心做成樱桃状。

6.用胶水将樱桃组件黏合。

7.在玻璃瓶的瓶身上粘上樱桃组件。

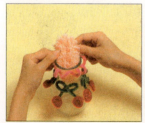
8.将可爱的发带放入玻璃瓶，装点作品。漂亮的樱桃园笔筒就做好了。

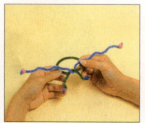
9.下面，我们再来做另一种造型的樱桃园。先将两色绒布铁丝互相缠绕，且中间口径要略大于玻璃瓶口径，以方便套入瓶口。

10.将做好的绒布铁丝套入瓶口，并用笔弯绕成螺旋状。

11.在瓶内放入发带，装点作品。又一个可爱的樱桃园笔筒做好了。

✏ "莲花"宝座

把铝罐与废弃的玻璃瓶组合在一起，让原本没有生气的东西变成可爱的小摆设，简单的造型却创造了美丽的瓶中新世界。

☐ 准备材料

①一个铝制易拉罐
②一个玻璃瓶
③一把剪刀
④海绵(插花用的)
⑤干花
⑥热熔胶
⑦彩色小石头
⑧一把美工刀
⑨一支圆珠笔

> 那个"莲花"宝座好漂亮呀!

1.先用美工刀把易拉罐顶部截切掉。

2.用剪刀将铝罐剪成长条状。

3.再将条状铝片用圆珠笔杆弯成卷曲状。

4.取一块插花用的海绵放入做好的罐里，将干花一一插上。

5.把空玻璃瓶倒盖在易拉罐上并用热熔胶粘牢。

6.最后，用彩色石头在瓶子外部做些装饰。

✏ 随缘风铃

玻璃瓶碰撞能发出不同的声音。精心挑选出声音清脆的小玻璃瓶，根据它们声音的差异，做一个音律优美的风铃，培养大家创造性的音乐思维能力。

☐ 准备材料

①3个空瓶子　②细麻绳　③一个圆形木块
④一个钻子　⑤一根小木棍　⑥一个螺丝帽
⑦一块软木皮　⑧几个小海螺　⑨一支笔

> 我也要去做一串这样的风铃。

1.首先，将3个空瓶子分别用细麻绳在瓶口部分绑出吊绳。

2.在圆形木块上用钻子钻出穿绳孔。

3.将一根小木棍绑上麻绳放入螺丝帽中间固定。

4.在软木皮上写上字，并将其挖孔后绑在螺丝帽下方。

5.最后把所有的瓶子和木块连起来，并用小海螺在上面做些装饰。

翩翩起舞

童话故事都带有丰富的感情色彩。做一个会跳舞的公主，可以让你走入公主的世界。如果愿意，我们还可以给公主编一个美丽的童话故事呢。

准备材料

① 一个钙奶空瓶
② 一个圆形木头脸谱
③ 纸藤
④ 一张弹性皱纹纸
⑤ 两支细太卷
⑥ 一根18号铁丝
⑦ 乳胶
⑧ 一把剪刀
⑨ 双面胶
⑩ 纸黏土

好漂亮的小公主啊！

1. 用皱纹纸截出30片正方形（5厘米×5厘米）纸片，再用18号铁丝将纸片上方的两角卷起来，往中间挤皱使它成为花瓣。

2. 将花瓣粘贴在钙奶瓶周围，每层4片，共7层。

3. 将两支细太卷绑成十字形，再将脸谱插在绑好的十字形细太卷上头，用乳胶固定好。

4. 用适合做头发的纸藤剪出4片边长为4厘米的正方形，用双面胶将4片正方形的同一边粘贴在一起，再用剪刀剪成一小条一小条的头发。

5. 将做好的头发粘贴固定在脸的周围。

6. 剪一长方形的皱纹纸，用双面胶将十字形细太卷包装起来。

7. 把剩余的两片花瓣粘贴在横杆上，当作手臂，并粘贴上瓣子做装饰。

8. 将娃娃放入贴好花瓣的钙奶瓶中，并用花瓣将腰围接缝处粘好。可在钙奶瓶内放入纸黏土，以利固定。

9. 在腰部加上装饰，一个可爱的公主就做成了。

可爱小推车

这个小推车是不是又可爱又实用呢？来做一个吧，材料很简单，关键是看你的动手能力强不强啦。

☐ **准备材料**

①木塞若干个
②一只纸杯
③胶水
④一把小刀
⑤珠针
⑥转印字

1.将两个木塞黏合。

2.用小刀把软木塞对半割开。

3.用胶水将两个半片软木塞黏合。

4.将木塞黏合成如图所示的支架，作为小推车的底座。

5.如图所示，黏合纸杯和木塞。

6.在做好的推车底座上套入纸杯，并将其黏合固定在底座上。

7.在组合好的木塞上穿入珠针。

8.如图所示，将木塞与推车组件以珠针穿入并固定。

9.用小刀将木塞针削出一个平面，作为车头。

10.将木塞针割面黏合在组件上。

11.利用转印字在纸上转印出数字做车牌。

12.最后将做好的车牌黏合在木塞上就完成了。

憨厚的大象

　　用气球可以做出好多种可爱的动物。大家先在头脑中想象一下，然后动手试着把你想象中的那个动物做出来吧。在这个过程中，手脑并用能力、图形判断能力都会得到锻炼。我们先从憨态可掬的大象开始吧。

□ 准备材料

　①一个蓝色长气球
　②一个打气筒
　③一支油性绘画笔
　④一把尺子

1.用打气筒给气球充气，尾端预留12厘米，先折一个15厘米长的小泡泡当鼻子。

2.再折一个16厘米长的泡泡，如图所示绕成环结，固定住。

3.这样就有了大象的一只耳朵，再捏出一个5厘米长的泡泡当大象头。

4.把大象头部捏成熊耳结。

5.大象头部成形。

6.再用相同的方法折出另一只耳朵。

7.对头部加以调整，让它们固定住。

8.把吹嘴打结处往外拉出。

9.把象鼻子中的气从根部往吹嘴方向挤出，使象鼻子变长。

10.在离吹嘴处5厘米的地方捏一下。

11.这样象鼻子就自然弯曲定型。

12.再折1个6厘米长的脖子和2个8厘米长的前腿。

13.弯折后旋转，将前腿和脖子定型。

14.再折一个比前腿粗一点的身体及和前腿一样长的后腿，最后还要留一小段做尾巴。

15.把后腿旋转固定，大象就做完成了。

16.用笔在大象头部画上眼睛及鼻子上的横纹，一头憨态可掬的大象就做成了。

诱人的葡萄

这串葡萄看上去简单，做起来可并不容易哦。因为它需要对葡萄的大小把握得非常好，否则葡萄就不圆了。所以，做这串葡萄锻炼的可是你的目测能力与手感哟。

准备材料

①一个紫色长气球
②一个绿色长气球
③一个打气筒

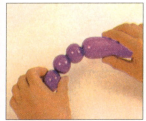

1.用打气筒给紫色长气球充气，先折出几个长约3厘米的泡泡。

2.如图所示再折出20个左右的约3厘米长的单泡泡，一直把长气球折完。

3.将气嘴端和尾端端打上死结，把所有的泡泡结成一个圈圈。

4.从圈圈中间一分为二，形成两个较小的圈圈。

5.将其中的一个圈圈再等分成更小的两个圈圈。

6.把两个小圈圈一起塞入大圈圈内。

7.稍微调整整个圈气球，使它看起来更像一串葡萄。

8.用打气筒给绿色长气球充气，留出约15厘米长的未充气部分，将吹嘴端和未充气部分打死结。

9.从打死结处开始，到整个圈圈的1/3处转成一个环结。

10.再将剩下的圈圈等分成2个环结。

11.旋转固定后，葡萄的叶子就做成了。

12.把叶子上未充气的部分绑在葡萄的顶端，一串诱人的葡萄就做成了。

美丽的花儿

这朵小花是不是很可爱啊？不过，要做好它可要费点力气哦，因为其中的有些步骤可能需要一定的力量才能顺利完成。想挑战自己吗？那就赶紧来试一试吧。

☐ **准备材料**

　①一个红色长气球
　②一个绿色长气球
　③一个打气筒

1.先将红色长气球充气，预留8厘米，然后将两端打上死结，让气球成为一个圆圈。

2.用双手中指勾住气球两端，两手的拇指和食指抓住上面的一段气球使其转动3圈。

3.这样就使气球成为上下两段都一样长的气泡了。

4.再用扭转的方法将两段气球都三等分，成为3个圆圈，将3个圆圈如图所示叠起来。

5.将3个圆圈叠紧，用两手的拇指和食指分别抓住3圈气球的两边。

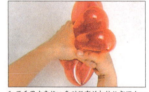

6.两手用力靠拢，靠到所有的打结处都可由一只手握住为止。

7.做这个动作需要一些力量，多练几次就会比较容易了。

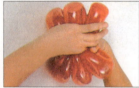

8.另一只手靠过来握住刚才单手握着的气球，两只手握着向相反方向把气球旋转一圈。

9.美丽的花瓣就做成了。

10.再将绿色的气球充气，预留12厘米，将末端未充气的部分拉两三下，让此位置的气球松弛。

11.在气球尾端捏出一个6厘米长的泡泡。

12.如图所示，用右手掌握住这个泡泡，左手握住接近尾端处，右手掌再用力握紧，泡泡就会出现在顶端。

13.用左手握住这个小泡泡，放在已经做好的红花的中间，再拉着绿气球末充气的部分绕红花一圈固定住。

14.将剩下的绿气球部分折成Z字形。

15.将Z字形泡泡并排靠拢，右手按下第一个弯曲点到第二个弯曲点的中间。

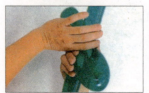

16.用两只手反方向旋转锁住，便出现了两个环结，花的叶子就做成了。

17.这样，一朵配着绿叶的红花就做成了。

长尾巴小狗

同样的气球可以做出不一样的小狗，不怕做不到，就怕想不到。赶快动手吧，你可以做出各种各样可爱的小狗。现在我们先做一只长尾巴小狗吧。不过，在做的时候可要注意这条长尾巴，要多练几次才会做得比较漂亮哦。

☐ 准备材料

①一个粉红色长气球
②一支墨水笔
③一个打气筒
④一把尺子
⑤一支油性绘画笔

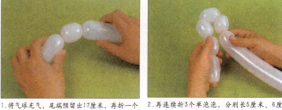

1.将气球充气，尾端预留17厘米，再折一个6厘米的单泡泡和一个5厘米的缓冲泡泡。

2.再连续折3个单泡泡，分别长5厘米、6厘米、5厘米，以准备做狗的耳朵和额头。

3.把折出的第一个6厘米长的泡泡塞入两个耳朵之间。

4.塞入第一个泡泡后，把第二个泡泡留在后面做固定缓冲用。

5.这样，头部就完成了，接下来拗一个4厘米的泡泡当脖子。

6.折4个长分别为6厘米、3厘米、3厘米、6厘米的单泡泡，准备做前腿。

7.将4个泡泡旋转锁住，这样前腿的制作就完成了。

8.折出一个比前腿稍大点的身体，再折出4个与前腿一样大小的泡泡当后腿。

9.将折出的泡泡锁住固定，后腿的造型就完成了。同时后面还会余出一段泡泡，这正好可以做小狗的尾巴。

10.将剩下的这一部分气球先用力拉几下，使其松弛。

11.用右手掌握住这部分气球，拇指沿着气球放正按好，左手拇指和食指也在接近尾端的地方按好。

12.右手掌用力握下去，就能将气泡挤到顶端去。

13.为了防止放手后顶端气泡回流，可以先用力压一下顶端的气泡。

14.这样，这只长尾巴小狗的整体造型就完成了。

15.最后用笔在小狗额头上画上眼睛，是不是更像了？

猎狗鲁比

　　这是猎狗鲁比，别看它有长长的肚子，这可是一只真正的猎狗的标志哦！鲁比的耳朵可能会比较难折一点，没关系，多练习一下就行了！

准备材料

①一个蓝色长气球
②一支油性绘画笔
③一个打气筒
④一把尺子

1.将长气球充气，尾端留出约10厘米，在前面折出3个长分别为10厘米、8厘米、8厘米的泡泡。

2.将第二、三个8厘米的泡泡按图所示折成双泡结，做出头和耳朵。

3.再折一段长约10厘米的泡泡当脖子。

4.折两个长约8厘米的泡泡当前腿。注意，两个泡泡一定要一样长。

5.锁住固定，猎狗鲁比的两条前腿就做成了。

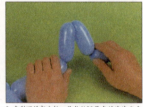
6.在剩下的部分折一段长约20厘米的泡泡当身体，再折两段和前腿一样长短的泡泡当后腿。

7.旋转固定后，小猎狗的腿和尾巴就做成了。

8.再来做头部。如图所示，用双手拿住头部，两手大拇指把头部的耳朵分开，用食指将第一个泡泡（即小狗的嘴巴）勾回挤入两个泡泡之间。

9.再按拇指将第一个泡泡压入固定。

我们会成为好朋友的。

10.再按图8～9的步骤，用两手大拇指将耳朵分开，用食指将脖子勾回挤入两耳间。

11.再把脖子适当调整，压入固定。

能不能照着我的样子做一个呢？

12.如果把小猎狗的肚子稍微弯曲使其下垂，会显得更像一些，你认为呢？
13.最后再为它画上眼睛，猎狗鲁比就栩栩如生地出现在你眼前了。

好漂亮的水果拼盘呀!

1.木瓜连接枝柄的突出部分很硬，不能吃，要全部切掉。

2.将木瓜纵向切开，一分为二。

3.用勺子将瓜籽连同包裹的薄皮一起刮掉。

4.然后再纵向切割，将木瓜切成8等份。

5.在末端处的果肉和果皮之间插进刀，横削去瓜皮。

✏️ 木瓜去籽的切法

　　家庭是锻炼思维的第一课堂。比如说切水果，巧妙的切法既可以方便吃，又可以激发大家的想象力，提高大家解决实际问题的能力。我们先来学习切木瓜吧。

6.可以是长月牙块，也可以如图所示，再横着斜切几刀。

✏️ 橙子去皮的切法

　　橙子含有丰富的维生素C，但剥皮很费劲。用这种方法切出来的橙子，吃起来就省事多了。不过，第5个步骤是关键哦，切得好不好就看你对尺寸的把握了。

我也想学一手巧切水果的手艺。

1.先紧贴着果肉切去橙子两端果皮，再竖切成两半。

2.将半边橙子再切成两半，也可以再将 $\frac{1}{4}$ 的橙子一切为二，分成8等份。

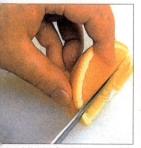

3.橙子中间的白色部分味道不好，可以把它切掉。

4.手持橙子切片一端，另一端放在砧板上，在果肉和果皮之间插进刀，刀与砧板平行切入。

5.手持橙子切片一端往砧板放下，而刀水平切入，这样果皮就能削干净了。

巧切甜瓜

在切甜瓜的过程中，既可以锻炼动手能力，又可以培养审美情趣。甜瓜可以切成兔形，也可以切成星形。好好学一手，下次用甜瓜做拼盘肯定会赢得大家的一片喝彩声。

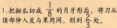
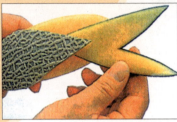

□ 兔形

先把甜瓜竖切成两半，用勺子去掉中间的籽，再把每一半都切成呈月牙形的4瓣，然后我们就可以把它们做成兔子形了。

1.把甜瓜切成$\frac{1}{8}$的月牙形后，将刀从顶部伸入皮与果肉间，削到$\frac{2}{3}$处。

2.把甜瓜横放，将皮的部分切成V字形。

3.把切下的皮反过来插进皮与果肉之间，一个长耳朵的小兔就做成了。

□ 圆环形

将斜切的两片甜瓜错落放成环状，中间可以堆放别的水果，看上去会非常漂亮。

1.将切成月牙形的甜瓜去皮，斜着把瓜肉切成片状，然后把两片切好的甜瓜摆成环形。

2.将皮部分斜着切，在摆成环形的甜瓜相接处外端放上两片。

看看我的刀功如何。

□ 彩色星星

将切成月牙形的两片甜瓜合成星形。如果把果肉颜色不同的甜瓜拼在一起，就会像一群彩色的星星一样，非常好看。

1.将刀从顶部伸入已切成月牙形的甜瓜中，切到$\frac{2}{3}$处。

2.为了吃起来方便，将果肉切成一段一段的。

3.其他种类的甜瓜也这样切。

4.把两组甜瓜从切口处插进，使皮与果肉相间，星形甜瓜便做好了。

菠萝的切法

大家平时吃的菠萝肯定都是削好了皮的，如果给你一个浑身是刺的菠萝，你知道怎么削吗？看完这一页后，你还可以想想有没有别的切法。其他水果是不是也可以这样切呢？

□ **菠萝船**

把菠萝做成小船可用来拼装水果，或盛装菜肴。切时要稍离芯部，水平切开，就可将船舱做得深些。

3.用去芯刀的刀尖深插进芯子的两端，切成V字形，除去芯子。

1.将叶子削齐。

2.菠萝横放，朝叶柄方向水平切开芯子的上端，切到最后时刀稍朝上切。

4.将皮与肉切开，取出果肉。

5.将取出的果肉切成小块，装入菠萝船里。

□ **菠萝艇**

菠萝艇因为连着叶子和皮，吃起来十分方便，而且份量感足，也十分中看。连叶切时，刀要从柄部插入。

1.菠萝连叶切成两半，再切成四等份。

2.切下芯子，再将皮与果肉间切开。

3.将取出的果肉切成容易食用的小块，再将果肉放回小艇中，摆放时要相互错开。

这可是我做的菠萝艇哦！

猕猴桃的切法

毛茸茸的猕猴桃切起来可不大容易，切猕猴桃时要注意，不要让桃毛沾在果肉上。用手拿着切时，尽量不要碰到果肉部位，不然会弄得手上黏糊糊的，也会影响猕猴桃的形状。

☐ 圆片状

用这种方法切猕猴桃，切出来的块比较大，不过对刀功的要求会比较高，一定要多练习才会得心应手。

1.先将头部去掉，然后将刀尖对准当中的白芯转一圈。

2.用刀挑出白芯，然后在另一头也同样处理。

呃，记得给我留一块！

3.接下来切片，不要切得太薄，否则就会吃得不过瘾。

4.如图所示，将刀插入果肉与果皮之间，转动猕猴桃切片，削去果皮。

看上去很好吃。

☐ 月牙状

把猕猴桃切成月牙状，要先把皮去掉。削皮时一定要注意，不要弄伤了手。

1.同切片一样，先去掉两头，然后竖着去皮。

2.先切成两半，再分别将两半切成两块。月牙状就形成了。

[第四章]
Part4...
智力大检阅

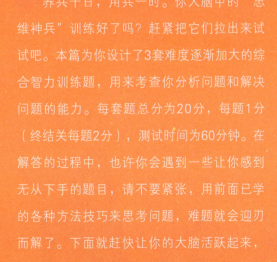

　　养兵千日，用兵一时。你大脑中的"思维神兵"训练好了吗？赶紧把它们拉出来试试吧。本篇为你设计了3套难度逐渐加大的综合智力训练题，用来考查你分析问题和解决问题的能力。每套题总分为20分，每题1分（终结关每题2分），测试时间为60分钟。在解答的过程中，也许你会遇到一些让你感到无从下手的题目，请不要紧张，用前面已学的各种方法技巧来思考问题，难题就会迎刃而解了。下面就赶快让你的大脑活跃起来，从热身关开始，来个智力大检阅吧！

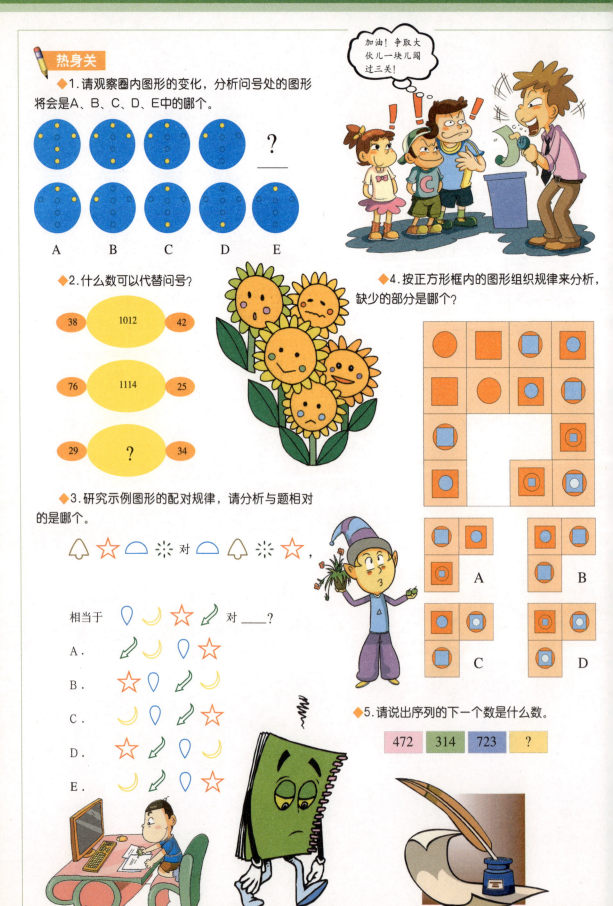

热身关

◆1.请观察圈内图形的变化,分析问号处的图形将会是A、B、C、D、E中的哪个。

A　　B　　C　　D　　E

◆2.什么数可以代替问号?

38	1012	42
76	1114	25
29	?	34

◆3.研究示例图形的配对规律,请分析与题相对的是哪个。

相当于 对 ___?

A.
B.
C.
D.
E.

◆4.按正方形框内的图形组织规律来分析,缺少的部分是哪个?

A　　B

C　　D

◆5.请说出序列的下一个数是什么数。

| 472 | 314 | 723 | ? |

加油!争取大伙儿一块儿闯过三关!

◆6.把正方形分割成面积相等的四部分，且每部分包括4个不同的符号，如何分割呢？请在图中画线表示出来。

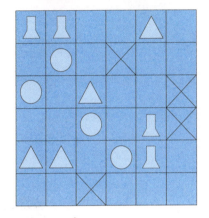

◆7.补缺口：

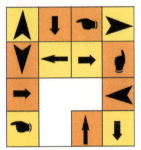

哪一个是图形缺少的部分？

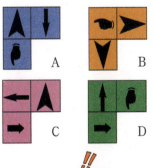

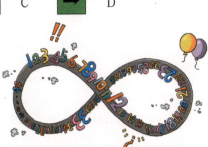

◆8.将下图折叠成一个立方体。

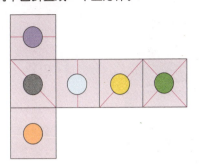

下面几个选择中只有一个是可能的，请问是哪一个？

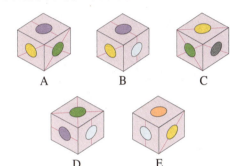

◆9.什么数可以代替问号？

◆10.观察下图，问号处应该是哪两个图？

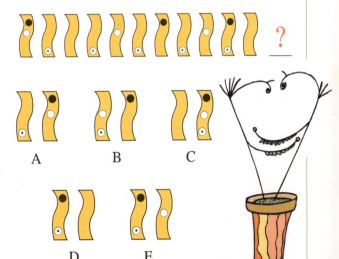

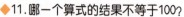

◆11.哪一个算式的结果不等于100？

A. $47\frac{9}{16}+52\frac{7}{16}$

B. $12^2-70+（2×13）$

C. $3^2+4^2+5^2+6^2+64-56$

D. $100×\frac{13}{17}÷\frac{26}{34}$

◆12.6个菠萝和8个橘子要花200元，5个菠萝和10个橘子要花190元，请问1个菠萝和1个橘子的价格各是多少？

◆13.下图中，外部4个圆圈中的线条和符号按照一定的规律转移到中间的圆圈中。根据线条或符号在外部圆圈出现的次数：

1次：转移

2次：可转移也可不转移

3次：转移

4次：不转移

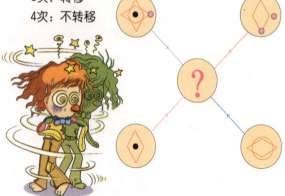

那么，下面A、B、C、D、E5个圆圈中哪一个正确地表现了上面的结果？

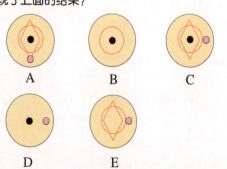

◆14.从三列中各取一个数，相加的和等于20，有多少种取法？

10	8	1
7	17	9
5	6	7
6	9	4
2	11	8

◆15.什么数可以代替问号？

◆16.字母A到H分别代表1到8的数，但不知具体的对应关系，请根据以下条件求字母对应的数值。

$B+D=3$

$A+F=8$

$C+G=15$

$D+H=7$

$B+E=6$

$C+F=10$

$B+E+G=14$

（提示：其中$A=5$）

◆17.化简：$\frac{17}{23}÷\frac{8}{46}÷\frac{34}{16}$

◆18.什么数可以代替问号？

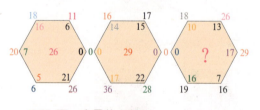

◆19.下一个是什么数？

◆20.什么数可以代替问号？

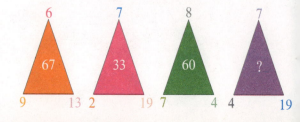

答案

1.E. 点按顺序从黄色变为无色，首先在垂直方向，然后在水平方向。

2.136。

$9+4=13$，$2×3=6$

相似的：$8+2=10$，$3×4=12$

3.B. 图形按原图的规则变换，比如第一个移到第二，第二个移到第四，第三个移到第一，第四个移到第三。

4.C. 根据正方形横向和纵向变换的关系，按顺序将圆和正方形填入。

5.147。数字47231以此顺序重复。

6.如右图：

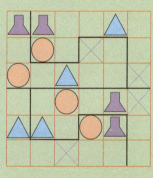

7.D. 横向和竖向都包括指向上、下、左、右的箭头。

8.A。

9.5。在从左边斜向上连成直线的四个数字中，第一个数字乘以第三个数字，等于第二个数字与第四个数字结合成的两位数。即$5×7=35$，$3×8=24$，$9×4=36$，以及$7×6=42$。

10.A. 每四个图有一个黑色的圆在顶部，每四个图有一个白色的圆在中间，每两个图有一个带黑点白色的圆位于底部。

11.C。

$3^2+4^2+5^2+6^2+64-56=94$

12.一个菠萝24元，一个橘子7元。

13.A。

14.11种。

7	9	4
10	6	4
10	9	1
5	6	9
2	17	1
2	11	7
6	6	8
7	6	7
5	8	7
5	11	4
2	9	9

15.91。

$47+35$（53反转）$=82$

$73+18$（81反转）$=91$

16.A＝5

B＝2

C＝7

D＝1

E＝4

F＝3

G＝8

H＝6

17.2。

18.45。六边形外圈6个数字之和减去内圈6个数字之和等于中间的数值，即：$18+26+29+16+19+0=108$，$10+13+17+7+16+0=63$，从而得出$108-63=45$。

19.$14\frac{3}{4}$。观察可知有两个序列，用不同形状的框图表示，其等差分别为$-1\frac{3}{4}$和$1\frac{1}{2}$，故可分析出下一个数属于$1\frac{1}{2}$序列，从而得出结果。

20.47。

$(7×4)+19=47$

评分标准：

19～20 ★★★☆你将是一位成功人士。

16～18 ★★★你可能是老师最喜欢的学生之一。

13～15 ★★☆同学会很羡慕你的。

10～12 ★★妈妈一定会表扬你的。

6～9 ★☆你已经很不错了，继续努力。

冲刺关

◆1.观察例图:

请问下列哪一个图形中加一个点后,两点之间的关系与上图中的一样?

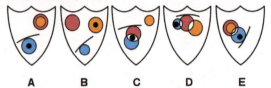

A   B   C   D   E

◆2.哪三块图形可以拼成一个完整的正方形?

◆3.问号处应该是什么数字?

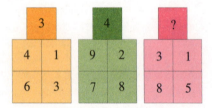

◆4.观察下列图形:

问号处应该是下列图形中的哪一个?

◆5.将下面的图形折叠成一个正方体。

下列几个选项中只有两个符合要求,请问是哪两个图形?

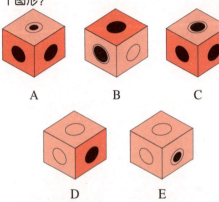

A   B   C

D   E

◆6.序列后面的3个数应该是多少?
146, 32, 256, 31, 248, 24, ?, ?, ?

◆7.补缺口:

哪一个图是缺少的部分?

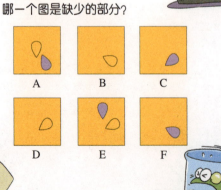

A   B   C

D   E   F

◆8.分析图形的变化规律,从以下选项中找出缺失的正方形。

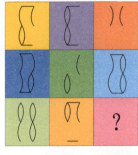

A B C

D E F

◆9.找出一串4个数字满足如下条件:在左右两边的表格内都出现,在水平方向、垂直方向或对角线方向成一条直线。

2	9	4	6	6
1	5	9	6	2
3	8	1	4	7
2	7	6	5	9
3	7	5	7	6

3	2	2	5	4
9	8	4	7	6
4	3	9	6	1
8	4	7	5	7
7	3	1	5	2

◆10.补缺口:

哪一个是图形缺少的部分?

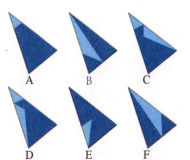

A B C

D E F

◆11.哪一个图形与其他的不同?

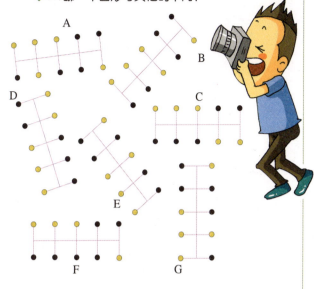

◆12.问号处应该是什么数字?

A

25	14	11	7	61
53	9	19	12	72
17	8	23	13	49
9	21	6	?	5
31	10	15	44	1

B

75	56	55	42	427
159	36	95	72	504
51	32	115	78	343
27	84	30	60	35
93	40	75	264	7

◆13.问号处应该是什么数字?

$1\frac{1}{8}$ $1\frac{3}{4}$ $17\frac{7}{8}$ 5 7

$2\frac{3}{8}$ $1\frac{1}{8}$ $22\frac{1}{8}$ 6 7

$1\frac{7}{8}$ $1\frac{3}{4}$? 5 4

105	112	108	115	111
109	84	91	87	94
102	88	75	82	90
106	81	?	78	97
99	103	96	100	93

◆14.从一个角开始,以螺旋形绕向表格中央,问号处应该用一个什么数代替?

◆15.将数字1至6按下列规则排列在下面的圆圈中：

1加2加所有位于其间的数的和等于8；
2加3加所有位于其间的数的和等于11；
3加4加所有位于其间的数的和等于21；
4加5加所有位于其间的数的和等于17。

◆16.下图中，外部4个圆圈中的线条和符号以一定的规则转移到中间的圆圈中。

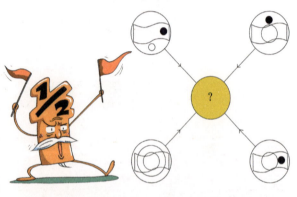

根据线条或符号在外部圆圈中出现的次数：

1次：转移

2次：可转移也可不转移

3次：转移

4次：不转移

下面A、B、C、D、E5个圆圈中哪一个正确地表现了上面的结果？

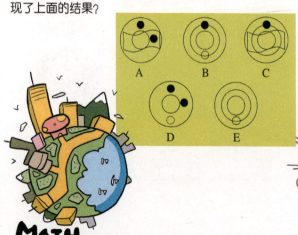

◆17.观察下图：

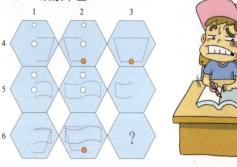

下列各图中，哪一个六角形可以代替问号？

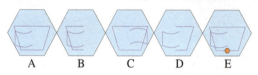

A   B   C   D   E

要仔细看，有点复杂哦！

◆18.观察下图：

哪个选项可以代替带问号的五边形？

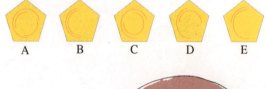

A   B   C   D   E

MATH

◆19.下面各齿轮中心固定不动,请问至少旋转多少圈才能使齿轮都回到初始位置?(圆中数字为各齿轮的齿数)

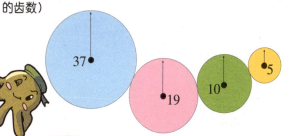

◆20.问号处应该是什么数字?

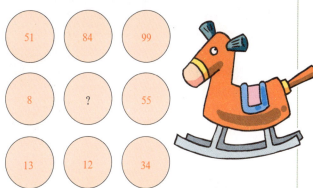

51	84	99
8	?	55
13	12	34

答案

1.D。小圆中间只有一个点,其他的点位于直线下面的圆中。

2.A、C、D。

3.6。
3+8+5=16
相似的是:4+6+3=13和9+7+8=24

4.C。顺时针旋转一条边的距离,六边形外的图形翻转到六边形内时变成紫色。

5.B和D。

6.192, 87, 696。
24×8=192,192得到87(9−1=8和9−2=7),87×8=696。

7.D。第三个正方形内的图由前两个决定。前两个图中颜色相同的符号,才可以翻转后移到第三个正方形中,否则去掉。

8.C。只在第一和第二个正方形中出现一次的线条才能出现在第三个正方形中。

9.7642(或2467)。

10.C。从底部开始,按顺时针方向,成对的小三角形颜色深浅互换。

11.F。
A—G,B—E,C—D

12.10。
A的第一列×3=B的第一列
A的第二列×4=B的第二列
A的第三列×5=B的第三列
A的第四列×6=B的第四列
A的第五列×7=B的第五列

13.16 $\frac{3}{8}$。
$5 \times 1\frac{7}{8} = 9\frac{3}{8}$ $4 \times 1\frac{3}{4} = 7$

14.85。
从111开始+4−7,如此重复。

15.3,1,5,2,6,4。(或相反)

16.B。

17.E。
图1加图2等于图3,
图4加图5等于图6,
但相同的符号消掉。

18.B。每个五边形中的线条由它下面相邻的两个五边形决定,当线条同时出现在下面两个五边形中时,它就不会出现在上面的五边形中。

19.190。
找出最小公倍数:
37=37×1
19=19×1
10=5×2
5=5×1
37×19×5×2=7030
$\frac{7030}{37}$ =190

20.74。
51+48(84反转)=99
8+47(74反转)=55
13+21(12反转)=34

评分标准:
19～20 ★★★★★世界将在你的脚下!
16～18 ★★★★☆太神奇了!
13～15 ★★★★我好崇拜你啊!
10～12 ★★★☆好了不起哟!
6～9 ★★★你真的好棒!

✏️ **终结关**

◆1.一个正方形最少能分割成多少个锐角三角形？

◆2.淘气而又聪明的小豆丁把1～9这9个数字藏在了这些图案中，请你把它们找出来。

◆3.请确定表格中的"?"是什么数字。

7	6	9	10	17
6	4	4	6	5
1	2	3	12	?

◆4.下图是锯掉了两个面积相等且形状相同的三角形的长方形木板，请你把它锯成两个面积、形状相同的木板，要求是，这两个木板能够拼成一个十字架的形状。

◆5.下图是一个十角星，请你算出这10个锐角的角度之和。

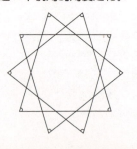

◆6.你能将下面这个算式中的字母转换成数字并使算式成立吗？

```
  I C H
    D U
   E R
  S I E
+  E S
───────
  W I R
```

◆7.某农场有99个工作人员，其中有80个人参加果园的劳动，有73个人种粮食和搞后勤，还有9个人是各级管理人员，不从事体力劳动。那么，既参加果园劳动又种粮食和搞后勤的有多少人？

◆8.先把一副扑克牌平均分成两叠，然后洗牌。假设每次都是两叠牌一张一张交错着洗，如此一直循环下去。那么，最少洗多少次后，各牌又恢复到原来的位置？

◆9.现有99个表面涂上红色的正方体，其棱长分别为2，3，4……100。如果把这些正方体全部锯成棱长为1的小正方体，那么请问：一面为红色和两面为红色的小正方体共有多少个？

◆10.此题为数学史上最著名的问题之一。有一块位置十分重要的三角地（如下图），有人想在三角地正中央圈一块面积刚好为三角地总面积1/7的小三角地，只用直尺，你能帮他想出一个简便易行的方法吗？

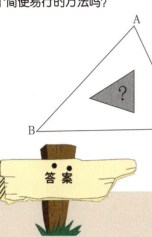

答案

1.已知的答案是，正方形分割后，最少可以得到8个锐角三角形。如右图所示。大家可以试着证明一下。

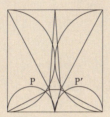

2.如右图所示。

3.规律如下：

7−6+1=2	6−4+2=4
9−4+3=8	10−6+12=16
17−5+20=32	

因此，空格内应填20。

4.答案如下图。

5.720°。这道题的难度十分大，需要你做出几条辅助线(如右图)，并且借助三角形的相关知识来解决。如果你不怕困难的话，就不妨来做一做吧。

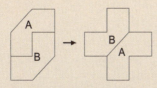

6.172+60+34+513+35=814。

7.63人。

参加果园劳动或种粮食和搞后勤的总人数为

99−9=90(人)

只种粮食和搞后勤的人数为

90−80=10(人)

既参加果园劳动又种粮食和搞后勤的有

73−10=63(人)

8.53次。不信的话，你就试试看。

9.1969506个。如果按正方体的大小顺序一一去算的话，本题的计算量比较大，你能找出一个又快又省力的方法吗？

10.如右图所示：D、E、F分别为BC、CA、AB的三等分点，△PQR就是所求三角形。此题既然号称数学史上最著名的题目之一，就必然有它的独特之处。对几何有了解的同学不妨试着证明一下这个结论。

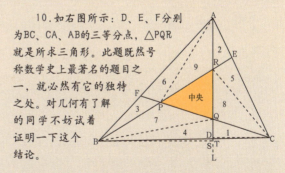

编者寄语：本关之所以叫终结关，自有它的用意所在。在选题的时候，我们有意提高了这一关题目的难度，以提醒聪明的你：知识的海洋是无限广阔的，不要因为前面已经取得的成绩而骄傲自得、不思进取。少年朋友们，努力学习吧，世界需要你们去征服！

图书在版编目（CIP）数据

中国少年儿童智力开发百科全书 / 邢越主编 . 一成
都：天地出版社，2020.11
　　（权威百科悦读书系）
　　ISBN 978-7-5455-5936-1

　　Ⅰ. ①中… 　Ⅱ. ①邢… 　Ⅲ. ①智力开发—少儿读物
Ⅳ. ①G421-49

中国版本图书馆CIP数据核字（2020）第172225号

权威百科悦读书系

ZHONGGUO SHAONIAN ERTONG ZHILI KAIFA BAIKE QUANSHU

中国少年儿童智力开发百科全书

出 品 人　杨　政
主　　编　邢　越
责任编辑　李　蕊　李菁菁
责任印制　董建臣　张晓东

出版发行　天地出版社
　　　　　（成都市槐树街2号　邮政编码：610014）
　　　　　（北京市方庄芳群园3区3号　邮政编码：100078）
网　　址　http://www.tiandiph.com
电子邮箱　tianditg@163.com
经　　销　新华文轩出版传媒股份有限公司

印　　刷　水印书香（唐山）印刷有限公司
版　　次　2020年11月第1版
印　　次　2020年11月第1次印刷
开　　本　787mm×1092mm　1/16
印　　张　10
字　　数　380千字
定　　价　29.80元
书　　号　ISBN 978-7-5455-5936-1